种一棵树,最好的时间只有现在!

GLOBAL BRAND

外贸品牌化全球招商

B2B2C

外贸品牌出海新模式创新思维与升级路径

全面、高效，提升业绩和利润

BBC聚焦"海外品牌价值B、本土渠道价值B、用户私域价值c"

王红亮 / 著

从现在开始

做一个懂品牌化全球招商的新外贸人

本书适合对象：外贸老板、业务员、跨境卖家、出海品牌负责人等外贸人

华中科技大学出版社
http://press.hust.edu.cn
中国·武汉

图书在版编目(CIP)数据

外贸品牌化全球招商/王红亮著.—武汉:华中科技大学出版社,2023.3
ISBN 978-7-5680-9087-2

Ⅰ.①外… Ⅱ.①王… Ⅲ.①对外贸易-企业管理-研究-中国 Ⅳ.①F752

中国国家版本馆 CIP 数据核字(2023)第 008131 号

外贸品牌化全球招商
Waimao Pinpaihua Quanqiu Zhaoshang

王红亮 著

策划编辑：	何臻卓　李国钦
责任编辑：	陈　骏
责任校对：	林宇婕
责任监印：	朱　玢

出版发行：华中科技大学出版社(中国·武汉)　　电话：(027)81321913
　　　　　武汉市东湖新技术开发区华工科技园　　邮编：430223
录　　排：华中科技大学惠友文印中心
印　　刷：湖北新华印务有限公司
开　　本：880mm×1230mm　1/32
印　　张：6
字　　数：140 千字
版　　次：2023 年 3 月第 1 版第 1 次印刷
定　　价：59.00 元

本书若有印装质量问题，请向出版社营销中心调换
全国免费服务热线：400-6679-118　　竭诚为您服务
版权所有　侵权必究

FOREWORD 自序
写给外贸与跨境电商领域的创业者与从业者

大家好,我是本书的作者王红亮(亮哥哥)。亮哥哥是我在18年前取的互联网笔名,虽已不再是"哥哥"的年纪,但也未到80岁,姑且继续使用。

如果您是本书的读者,我很高兴与您结缘,非常感谢您愿意花时间来阅读本书,更希望您能通过本书有所收获,对您的职业发展或公司发展带来新的启发。我的工作思路与方法仅仅作为我在具体工作过程中的决策认知与经验结论,供您参考借鉴。

为什么要撰写本书?

本书是在国家鼓励并推动"外贸新业态、新模式"创新的大背景下撰写完成的。目前有关外贸新业态、新模式的书籍非常少,尤其是能够立足中国广大外贸企业实际经营战略与策略方法的指导性书籍更是少之又少。希望本书能给大家一些启发和帮助。

当下国际局势风云变幻,全球贸易模式深度调整,给中国外贸企业带来不少困难。同时,外贸企业也遇到了各种问题,比如低利润甚至负利润、超长客户账期、订单减少变小、成本升高、转型升级难、新模式看不懂、组织能力跟不上等。跨境电商行业卖家也在调整，比如流量成本变高问题。外贸与跨境企业未来之路在哪里？外贸从业者未来的职业发展空间和方向有没有新的可能性？

我基于自身在"互联网品牌营销、外贸出口、跨境电商、全球招商"领域近20年的创业实践和管理经验，分析了"传统外贸、跨境电商、品牌全球化、海外招商"四大模式的优缺点，预判了未来行业发展的趋势，并给出了"B2B2C外贸新模式解决方案"。

B2B2C模式结合了"传统外贸B2B订单模式的规模优势"与"跨境电商B2C模式的利润优势"，再与"品牌线下代理模式的渠道优势"相结合，为外贸企业和跨境卖家转型提供了一条新的降本增效、业绩倍增、打造品牌、转型破局的创新发展之路与解决方案。

B2B2C模式兼容了目前外贸B2B和跨境B2C，非常适合中小外贸企业在现有公司基础上进行升级再转型，也非常适合外贸从业者补充工作思维与提升技能，破除职业瓶颈。

如何创作本书？

对于以怎样的方式跟您分享"品牌化全球招商"，我做了很多思考。最后，我希望能以朋友间"亮哥哥下午茶"式的场景来与您交流探讨。本书中更多内容是关乎外贸企业升级转型的思考逻辑与布局落地的步骤，比如"拆解传统外贸""拆解跨境电商""拆解品牌认知""拆解招商逻辑""我带领团队工作的决策逻辑""日常如何指导团队成员工作""日常开会的主题""日常工作遇到的问题""我引导团队成长的理念输出""我在模式创新的思考以及实践过程的节奏把控"以及"买全球卖全球的终极实现"等。希望您在阅读本书的时候，可以想象到我就坐在您的身边跟您一起品茶交流的场景。总之,朴素地、直接地、真诚地分享我的工作思考与工作方法,是我创作本书的初衷,也是本书的写作逻辑,希望有机会能和您面对面来喝茶交流。

2017年开始,我主编出版过两本跨境电商领域的书籍——《大卖家》与《运营王者》。如果您对跨境电商有兴趣,也可以到各大电商平台购买。

2023年,我搭建了HOLLYGOGO国际营销战略与模式创新咨询平台,为企业战略与营销持续创新寻找最优解。我找到了一些身边志同道合的行业专家,结合自己在外贸全球招商项目的经验,在"亮哥哥下午茶"持续跟朋友们交流分享。我也希望通过本书结缘更多优秀读者,大家一起研究外贸新业态与新模式,共同为中国制造、中国外贸发展带来新的活力。

最后,感谢我的家人和朋友们在创作过程中对我的支持与帮助。

王红亮
著于 2022 年 11 月

CONTENTS
目 录

第一章 复盘

第一节 外贸,开启职业第一扇窗 ____ 3

第二节 网络,走进营销创新之门 ____ 5

第三节 创业,沉淀商业认知与战略思维 ____ 8

第四节 创变,品牌化全球招商从 0 到 1 ____ 10

第五节 咨询,与同频者共振 ____ 13

第二章 拆解传统外贸

第一节 全球贸易超级竞争时代 ____ 19

第二节 中国外贸发展的四个阶段 ____ 21

第三节 传统外贸模式成长慢 ____ 24

第四节 传统外贸模式之终局 ____ 27

CHAPTER

第五节　传统外贸订单趋势从大 B 走向小 B ＿＿＿＿ 29

第六节　传统外贸模式低利润率的本质 ＿＿＿＿ 32

第七节　传统外贸转型跨境电商 B2C 可行吗？＿＿＿＿ 34

第八节　传统外贸走品牌路线是否有机会？＿＿＿＿ 36

第九节　外贸走技术研发路线是否有机会？＿＿＿＿ 38

第十节　外贸企业高质量获取询盘的底层逻辑 ＿＿＿＿ 40

第十一节　外贸企业高质量转化客户的底层逻辑 ＿＿＿＿ 43

第十二节　中国外贸进出口 3 大平台带给我们的启发 ＿＿＿＿ 46

第十三节　全球疫情产生的机会和不可逆变化 ＿＿＿＿ 49

第十四节　外贸业务员的职业迷茫与转型方向 ＿＿＿＿ 51

第十五节　传统外贸未来 10 年的趋势和机会 ＿＿＿＿ 53

第三章 拆解跨境电商

第一节 跨境电商模式的两个优良基因 ——57

第二节 TikTok 短视频电商是不是机会？ ——59

第三节 TikTok 海外直播带货的机会与挑战 ——61

第四节 跨境电商卖家要不要开启 B2B 业务？ ——64

第五节 跨境电商未来 5 年的机会与创新 ——66

第六节 本土化是优秀卖家的必由之路 ——69

第七节 合规化是每一个卖家的必修课 ——71

第八节 海外仓模式的挑战与机遇 ——73

第九节 跨境电商"倚天剑"和传统外贸"屠龙刀" ——75

第四章　拆解品牌认知

第一节　提升认知,重新定义品牌 ____ 79

第二节　区分品牌与品牌化 ____ 81

第三节　品牌是一把锁 ____ 83

第四节　品牌是升维工具 ____ 85

第五节　品牌是竞争工具 ____ 87

第六节　品牌是业绩工具 ____ 89

第七节　品牌是利润工具 ____ 91

第八节　品牌是招商工具 ____ 93

第九节　品牌是裂变工具 ____ 95

第十节　品牌是转型工具 ____ 97

第十一节　品牌是增值与融资工具 ____ 99

第十二节　从品牌化到品牌的四个阶段 ____ 100

第五章　拆解招商逻辑

第一节　没有品牌,能不能招商? ____ 105

第二节　拿品牌做招商,还是通过招商做品牌? ____ 107

第三节　全球招商模式对企业的战略价值 ____ 109

第四节　全球招商模式对营销战术的考量 ____ 110

第五节　正确定义全球渠道的伙伴关系 ____ 112

第六节　建立全球品牌代理商私域池 ____ 114

第七节　厘清传统外贸客户与品牌代理商的区别 ____ 116

第八节　全球招商模式是否影响现有的代工业务? ____ 118

第九节　传统 OEM/ODM 工厂,能否做全球招商 ____ 120

第十节　工业机械设备能否做品牌全球招商？＿＿＿122

第十一节　全球招商营销端需要造一个计划＿＿＿124

第十二节　外贸业务员需要具备的招商思维和谈判逻辑＿＿＿125

第十三节　这几项全球招商准备工作要落实＿＿＿127

第六章　营销推广渠道

第一节　全球招商的推广渠道有哪些？＿＿＿131

第二节　阿里国际平台适合做品牌招商吗？＿＿＿133

第三节　如何通过品牌独立站与谷歌做好招商？＿＿＿135

第四节　如何借助线下展会做好品牌招商？＿＿＿138

第五节　如何利用TikTok海外红人做好品牌招商？＿＿＿139

第七章　布局落地之"天龙八步"

第一节　定调——招商立项定调 ___ 143

第二节　举旗——品牌大旗举高高 ___ 146

第三节　定策——市场策略定规范 ___ 150

第四节　团队——团队升维工具包 ___ 156

第五节　推广——公域流量私域导 ___ 162

第六节　谈判——激活代理挖资源 ___ 165

第七节　拓品——渠道拓品扩规模 ___ 167

第八节　迭代——模式升级价值高 ___ 169

附录　亮哥哥品牌化全球招商核心思维50条 ___ 173

CHAPTER

第一章

复盘

任何事情的发生都有它的规律,我们可以通过复盘找到这个规律。我对品牌化全球招商模式的思考,就是我基于过去 20 年的个人经历和所从事的行业发生的变化得出的结论,并经过具体项目验证后产生的成果。

——王红亮

第一节 外贸,开启职业第一扇窗

对于毕业后就能入职一家美国公司,我肯定是幸运的,同时,这也是基于4年前大学选专业的选择正确。1999—2003年,我就读于西安翻译学院英语与国际外贸专业。现在回想起来,当初我自己做主选了国际贸易专业,还是很有前瞻性的。

在国际贸易领域当时最具代表性的事件就是2001年11月10号中国正式加入世界贸易组织(World Trade Organization,WTO)。这个消息让国贸专业的学生对未来充满期待。加入WTO之后这20多年,中国的国际贸易飞速发展,我的不少同学借助这一时代机遇完成了新中产到新富豪的跨跃。

2003年毕业后,我直接来到深圳打工,第一份工作是外贸助理,就职于一家美国公司的中国采购办公室(IPO)。我在这个岗位不大不小地存在着。"小"的意思是我在公司是个小角色,"大"的意思是我在供应商那里就是重要角色了。当初我负责的供应商是惠州德赛集团与深圳DOSS,德赛集团给我们供应DVD播放器,DOSS给我们供应家庭影院;采购的产品直供美国沃尔玛(Walmart)和百思买(BESTBUY)。那时候深圳工厂的大多数的外贸订单来自第三方贸易公司,工厂大多没有外贸部。类似这种美国公司驻中国的采购中心受到中国工厂的欢迎。顺便说下,DOSS从代工模式转型做自己的品牌非常成功,2017年底它成为亚马逊官方年度大会推荐的工厂跨境电商新锐代表。

作为一个应届毕业生,那一年的时间,是美好的,长知识的,让我对中国制造和国际贸易有了一定的了解。这对我后来所从事的互联网营销、跨境电商、全球招商外贸产生了基础而深远的影响。

外贸工作做了一年后,我选择离开,进入我认为更有发展前景的互联网领域。

第二节　网络，走进营销创新之门

放弃外贸，进入互联网。

作为一个刚毕业一年的职场小白，这对我来说是一个重大的选择。

为什么这么说呢？那时候的外贸人才是非常少的，当我拿着国际贸易专业的简历进入一家美国公司后，月薪为4600元，在2003年的深圳也属于白领阶层了。那时候深圳锦绣江南小区的房价是3800元$/m^2$。放弃外贸，就意味着放弃了一份丰厚的收入。现在想来，当时的选择也不好说是对还是错，人生的十字路口每一脚踏过去，都是一个新的活法。

当年的互联网在中国才刚刚开始，对我的吸引力很大，相较于外贸下单、验货、出货这样一成不变的工作，我更喜欢不断变化的互联网，我喜欢这种变化中的挑战。进入互联网的第一份工作我选择了销售，月薪800

元加提成,每天"挑战"自己,喊口号打鸡血。对于一个主要靠内驱力活着的人来说,这种打鸡血的方式我并不习惯,但我有一个优点就是即便反感一件事,我也会吸收它的精华。我相信任何一种方式的存在都有它的道理,所以,我选择以学习的心态来工作,一旦我学会了,就会毫不犹豫地离开。销售这件事,我坚持学习了10个月,对我日后上台演讲和公司团队培训打下了很好的基础。

这个销售工作给我最大的收获就是见识提高了,对企业老板的思维了解得多了,相当于我做了一年的市场调研和用户调研。之后,我定下了我在互联网领域10年的成长计划,就是专注于营销策划。

当时最朴素的想法是营销策划是脑力活,时间越久,经验越丰富,一直干10年,肯定变成专家。实际上,从1999年马云开始做互联网黄页开始算起,到2004年也才5年时间,这个行业太年轻了,尤其是互联网营销更年轻,我只用了不到5年时间就被业界称为"专家"了。2010年全球搜索引擎营销大会上,我被邀请分享搜索营销策略方法。2012年,我成为百度官方营销峰会有偿演讲嘉宾,每月分享一次我的搜索营销策略。2013年,我作为第一批研究微信营销的实践者,在成都为1500位汽车后服务市场的店主做微信营销门店引流策略的分享。2014年,我与朋友们一起创办了"万能的妈妈"社群,分享互联网社群营销的玩法策略。2016年,我进入跨境电商领域;2017年,在中国品牌与产品出海峰会上分享中国品牌与产品出海策略。这段时间内,我还以讲师身份给中小企业老板讲解网络营销创新课程(约200场次)。2018年后,我开始将更多精力放在公司经营与新项目新模式的内部推动上。我始终坚持公司内部的团队培训,担任公司模式创新、营销创新、产品创新的源动力角色。

这里,我总结了一句话:企业唯一的竞争力是持续创新能力。创新这件事,我想我还会继续一辈子,直到我的大脑停止运转。

第三节　创业，沉淀商业认知与战略思维

创业12年，沉淀了我的商业认知与战略思维。

流量在哪，生意就在哪

2010年，我和朋友一起创办了中国老板网，为中国中小制造业提升网络获客效率。那时候我们每天研究的是网站如何架构，如何呈现，如何优化用户体验，如何获取搜索引擎优化(search engine optimization, SEO)免费流量等。之后，我们基于对搜索引擎排名规则的理解，设计了"百搜百应"全网覆盖的信息传播策略，并开发了一套BSBY营销平台来高效运营。几年下来，我明白了一件事情：流量在哪里，生意就在哪里，谁能抓住流量，谁就把握了主控权。今天我们做外贸，依然要把握流量入口。

优势促进你创新，但短板会限制你成长

2014年，社群经济时代。开始我们组建了一个小团

队做妈妈社群。那时主要是基于对微信营销的认知,以及技术储备,我们开始建立私域流量池。6个月时间,我们通过各种线上分享活动以及线下亲子游活动,汇聚了几十万妈妈粉丝。那是一个微商带货的时代,于是万妈优团成立,整合供应链,搭建妈妈团长,2年时间,前后投入了近两百万元,我们始终没有解决的一个问题就是供应链。此时我们做互联网多年的短板出现了,团队没人懂供应链,没人懂产品,有流量,但没有产品支撑,依然不能把事情做好。后来,我们只保留了妈妈群亲子活动板块,目前"万能的妈妈"项目专注在亲子活动领域,经过8年的沉淀,成了一个小而美的亲子活动品牌。

发展与创新

2016年,跨境电商蓬勃发展。我有机会进入跨境电商教育领域。作为海猫跨境初创团队成员,任职COO(幕后总策划),从零规划推动跨境电商培训项目发展,从国内到国外,项目有一定的跨越性,经过8个月时间,公司团队发展到500人左右,月销售额每月以200万元递增,逐步向每月1000万元目标奔跑,公司快速成为业内一匹黑马。之后,联合创立海鲨跨境,定位做跨境电商代运营解决方案提供商,进入喜课教育,定位一站式国内与跨境线上教育服务平台。2019年底,喜课教育被收购,我也正式退出了跨境电商教育领域。2020年,我组建团队做家居外贸,开启品牌全球招商模式。

第四节　创变,品牌化全球招商从 0 到 1

2004 年,我看到互联网在中国的发展机会,进入互联网领域。2016 年,我看到跨境电商的机会,进入了跨境电商行业。在 2020 年,互联网营销、跨境电商和外贸重新产生交集,我看到了"中国品牌全球招商"的机会,于是,我推出 B2B2C 模式。

为什么要采用 B2B2C 模式呢?当初我在立项做家居外贸的时候提了几个建议,供大家参考。

(1) 做传统外贸公司没有成本优势怎么办?

(2) 跨境电商卖家型公司,没有外贸 B2B 基因,如何吸引优秀的外贸业务员?

(3) 业务员干得好,离职把客户带走了,怎么办?

(4) 如果外贸只能通过卖产品赚钱,那不卖了就没钱赚了,公司的长期价值是什么?

(5) 目前外贸订单利润这么内卷,如何提高利润?

(6)未来的中国传统外贸的新出路在哪里?趋势性机会在哪里?

(7)未来的跨境电商会走向何方?趋势性机会在哪里?

(8)到底具备哪些"趋势价值"的公司才能更好地生存和发展?

经过一系列思考,我最终推出了一个创新的模式,就是B2B2C。

先直接抛几个确定性结论,后面我们再逐一分析。

(1)中国制造正在崛起,中国品牌正在崛起。

(2)中国未来将诞生一批国际化品牌,中小品牌一样有很大的机会。

(3)优秀的外贸B2B与跨境电商B2C企业,两个模式会越来越模糊,最终融合发展。

(4)产品成为基础,未来驱动力要么是技术驱动,要么是品牌驱动,要么是渠道驱动。

(5)利润增长的本质是效率提升。你到底在整个价值链的哪个环节解决效率问题?品牌提升信任效率,降低转化成本;渠道提升传播效率,降低营销流通成本。

(6)中国外贸出口货物贸易与服务贸易要结合发展,品牌附加值是服务的一种方式。

(7)传统外贸进入存量市场博弈,获客变难,成本变高,私域越来越有价值。

(8)跨境电商未来4个主要趋势:品牌化、本土化、全域化、私域化。

中国外贸进入"品牌化全球招商"时代。传统外贸历经数十载,传统B2B下的OEM、ODM模式疲态尽显,过去受益于成本优势,而如今人口成本红利已经消失,传统外贸进入存量博弈时代,趋势红利已经结束。

在 2016 年,广大的中国外贸企业已经开始寻找新的增长路径。企业开始尝试 B2C 跨境电商模式。五六年下来,有一部分企业转型成功,成为大卖家,但更多的外贸企业回归本业以失败告终。未来 10 年,中国外贸制造业要继续转型做 B2C？还是走全球招商路线？我仔细分析了传统外贸 B2B、跨境电商 B2C 模式以及品牌型卖家与工厂型企业,得出结论:B2B2C 模式将是未来 10 年的主导模式。

通过对部分上市企业目前海外业务的调研,我发现很多企业已经是 B2B、B2C、海外代理多模式融合发展。

什么是 B2B2C 模式？B(Brand)即品牌,"2"为英文 to 的谐音,B(Business)即采购商、渠道商、代理商、分销商,C(Customer)即消费者。B2B2C 即"从品牌到渠道商到消费者",或者简称为"品牌化全球招商"。

B2B2C 模式结合了"传统外贸 B2B 订单模式的规模优势"与"跨境电商 B2C 模式的利润优势",再与"品牌线下代理模式的渠道优势"相结合,为外贸企业和跨境卖家转型提供了一条新的降本增效、业绩倍增、打造品牌、转型破局的创新发展之路与解决方案。

B2B2C 外贸新模式既能掌控现金流,让利润看得见,也能搭建渠道沉淀品牌,让公司更值钱；既能激活现在企业的活力,又能开创新的市场。基于以上的思考,从 2020 年 6 月开始,我组建十几人的团队,在 6 个月的时间建立了 20 多个国家的代理商渠道,月净利润达到几十万元,利润率提高 30%～50%,成功验证模式创新第一步。

第五节 咨询,与同频者共振

2022年,我决定正式开始顾问咨询生涯。我希望在中国外贸制造业和中国跨境电商业升级转型的十字路口给大家一些建议。

我刚参加工作时,做过职业打工人,也是拥有12年经验的持续创业者,也是一个教育工作者。很多企业在创新过程中由失误走向失败,原因可能是管理者认知和企业组织能力问题,那么如何破解管理者认知和组织能力难题?如何在企业创新过程中最快地寻找到最优解呢?

我发现大部分企业,由于管理者学习能力和认知不足,组织不健全,导致无法在合适的时机为企业注入创新活力。中小企业靠管理者有限的经验和认知无法找到创新最优解,因为创新往往是过去的经验和认知覆盖不到的。

很多超级企业都设置了首席创新官,他们主动而持续地为企业输出创新动力。企业在创新时,会有一个头脑风暴式的探讨过程,不断梳理企业现有的资源、明确战略与阶段目标、敲定运营调性与节奏、厘清首要任务与重点事项,进而找出各项资源匹配的最优解。

在国外,很多领域的专家会有另外一个身份:自由职业咨询顾问。他们利用业余时间,在擅长的领域为有特定需求的企业提供定向咨询服务。自由职业咨询顾问可以在职业生涯中将自己的才能价值最大化。我认为这可能成为未来中国创业与职业环境中的一种趋势。在信息爆炸与商业模式丰富的今天,没有哪一个创业者能持续完整地掌握所有信息,只有通过外脑顾问的方式来弥补企业的短板,保持企业创新活力,让竞争立于不败之地。

持续是一个很关键的创新要素。只有持续的外脑顾问才能不断领会企业精神,充分了解企业现状,才能在"创新项目脑暴讨论会"上给予准确的指导。我见过有些管理者寄希望于找朋友吃饭聊天寻找点子和思路的操作,我认为找灵感是可以的,但要为企业找出最优的解决方案,必须要"专题专项,专家研讨"才可以。

创业是一场修行,路上有无数个十字路口,也有无数荆棘障碍,要想取得真经,核心是"企业持续创新并高效找到最优解的能力"。每一位管理者都需要不断吸收外部能量。能量足,克服困难的能力就强,创业的路也会走得更远。同时,管理者也需要打开认知天眼,站得高,才能看得远,才能走得直、走得顺。

顾问是什么呢?我的定义是:顾问是指南针、加油站、金钥匙。指南针为企业创新之路找到指明方向,不要跑偏,少走弯路,不踩坑。加油站在企业能量不足时,给予帮助,输出知识和方法,重塑能量,能量越足,走得越远,走得越久,走得越顺。金钥匙为企业提供一个解决方案的最优解,打开实现业绩与利润倍增的大门。

CHAPTER

第二章
拆解传统外贸

当下国际局势风云变幻,全球贸易模式深度调整,给中国外贸企业带来不少困惑。同时,外贸企业也遇到各种因自身外贸模式过于传统而带来的瓶颈。面向未来,外贸人如何创新求变?

——王红亮

第一节　全球贸易超级竞争时代

什么是超级竞争时代？举例来说，从前研发生产一款产品，有一年的时间可以赚钱，但现在只有3个月甚至1个月的时间。也就是说如果1～3个月内，企业还没能赚回成本，那之后产品就可能滞销，产生库存积压，然后亏钱。

全球贸易的超级竞争是怎么形成的？

其中，电商的发展加速了产品迭代的速度。试想20多年前，中国市场化的外贸刚刚开启，国外大客户通过广交会找到工厂代工。这些大客户大部分是国外的品牌方或者大型贸易商，他们掌握着品牌和渠道优势，通过大批量囤货降低产品采购成本，然后在各地线下渠道销售，由于竞争对手不会轻易去模仿产品，消费者大多通过线下渠道来购买产品。

但随着跨境电商的发展，中国卖家直接加入传统渠道的竞争中,消费者可以以更低的价格轻松购买到同类产品。试想,当一部分消费转移到线上平台,转移到从更多中国卖家手中购买产品时,那些传统的线下渠道会出现什么情况?他们发现货物动销变慢了,原来1个月可以卖完,现在要3个月才能卖完。更麻烦的是,有些产品被迅速模仿后,卖不掉变成了库存。而且,电商卖家们通过线上的客户反馈留评等大数据,对消费者需求把握得更加准确,产品创新迭代更加高效快速,而传统渠道的企业却"笨手笨脚"跟不上节奏,慢慢地,传统企业只能通过减少订单数量,增加下单频次来降低商品积压的风险。其中一些企业直接被淘汰出局。

在全球贸易超级竞争的环境下,大客户变成了小客户,大订单变成了小订单。同时,客户对价格更加敏感,以此应对来自电商和跨境电商的巨大压力。

这个竞争趋势只会更剧烈。因为网红经济正在逐步崛起,从传统贸易到跨境电商,再到网红经济时代,一切都变得越来越快,竞争越来越激烈了。

超级竞争对不拥抱变化的传统企业就是洪水猛兽,但对创新者来说就是百年风口的大机遇。

第二节　中国外贸发展的四个阶段

从我们国家外贸开放的不同程度来看，我们经历了4个阶段。

第一阶段(计划阶段)，计划性对外外贸阶段。以国家为主体对外贸易，出口商品以资源性大宗货物贸易为主。当时制造业一片空白，赚取外汇的方式只能依靠资源，出口是按计划给指标，由国有企业完成对外贸易。这个时代，老百姓没办法参与，也没有赚钱机会。

第二阶段(市场化阶段)，市场经济下的对外贸易让民营外贸搭上了时代列车。尤其是2001年我国加入WTO后，迎来了民营外贸发展的黄金十年。以珠三角、长三角沿海城市为主的加工贸易蓬勃发展，欧美发达国家的客户需求旺盛，先进设备和技术不断引进，工厂工人操作逐步熟练，中国外贸大军通过广交会参展获取订单，或者通过中国香港贸易公司下单给外贸工厂。这个阶段的外贸客户大多是品牌客户或者大经销商。至此,中国外贸代工在全球披荆斩棘,中国制造业不断崛起,中国制造生态不断完善。这一阶段,给了有实力的外贸企业第一波红利的机会,也带动了不少下游工厂的发展。

第三阶段(互联网阶段),互联网与跨境电商模式的发展,创造了外贸人和卖家最辉煌的阶段。伴随互联网技术和电子商务的发展,中国外贸企业通过互联网获取全球订单,早年的阿里国际、中国制造网、敦煌网等,都是外贸企业营销的阵地,互联网成就了一大批中小外贸公司,甚至诞生了一大批的个人 SOHO。2012 年之后,伴随跨境电商蓬勃发展,数十万的个人和中小企业通过 ebay、亚马逊、速卖通、WISH 等各种各样的跨境电商平台,注册卖家账号,大量上架产品铺货,无数卖家实现了弯道超车。这一阶段成就了那些懂得使用互联网和精通电子商务的卖家。这个阶段是外贸从业者们最辉煌的阶段。

第四阶段(品牌化阶段),服务贸易与中国品牌出海阶段,辉煌的外贸从业者开始深度洗牌。从 2021 年开始,无数的跨境电商卖家面临亏损,前几年赚的钱正在快速回填。同样,靠互联网平台获客的 B2B 外贸公司也正在经历痛苦,线上平台获客成本越来越高,利润越来越低,有效的新客户越来越少,同时,老客户在流失,大订单在缩水,外贸企业正在迷失方向。同时,新的时代也在奖励那些重视品牌、重视技术、重视产品创新、重视服务和模式创新的企业。中国正在从货物贸易时代进入服务贸易时代,从货物代工时代进入品牌服务时代,从渠道为王的跨境电商铺货时代进入产品为王的技术创新时代,从第三平台的公域流量时代进入独立站社媒私域建设时代。

我们发现每一个阶段都在更新,有很多企业穿越周期,不断自我更新,升级转型。在前面我提到的 DOSS 这个品牌,2003 年是美国公司的家庭影院音响代工厂,到了 2017 年底,DOSS 已经成功转型成为亚马逊跨境电商大卖家,而且产品直达消费者。那么,中国外贸新的阶段,企业如何设计创新模式,才能规避时代变迁的风险,并把握住新的外贸新业态时代机遇呢?后面我们详细讲解。

第三节 传统外贸模式成长慢

以加工为主的传统外贸工厂为什么很难做大?尤其是贸易型外贸公司更难做大,这背后的底层逻辑是什么?

我们先来看一个事实,珠三角或者长三角外贸出口企业规模都不大,他们只要能拿到客户订单,一个人就可以成立一家贸易公司。有人说企业做不大是因为订单撑不起规模;也有人说不敢贸然做大,担心风险;有人说管理跟不上,业务员拿到订单后,就出去单干了;有人说,手上有几个大客户,每年过得很舒服。

在我看来,这些都属于表象。中国有句俗话:"种瓜得瓜,种豆得豆。"一棵小草永远不可能长成一棵大树。这背后的原因是公司商业模式本身限制了规模化发展。你可以对比一下最近快速发展的跨境电商行业,有一些跨境电商卖家只有十来个人,但仅仅两三年时间,销售额快速破亿。这背后的逻辑是什么？传统外贸公司和跨境电商公司相比，商业模式上到底有哪些区别，造就了两者规模化成长速度和规模化程度的不同？

有人说，从商业模式上看，一个是 B2B，一个是 B2C，区别很大。但 B2B 和 B2C 也只是一个形式，我认为看一个模式是否具备规模化的底层逻辑，主要看是否具备可复制的标准化基因。

跨境电商标准化的基因是什么？

首先业务前端是一套"爆品打造模型"，打造爆品的模型一旦形成，就可以快速从一个产品复制到第二个产品，从一条链接复制到第二、第三条链接，从一个店铺复制到 100 个店铺，从一个品类复制到第二个品类，从一个品牌复制到第二个品牌……在深圳，随便一个小卖家，手里都是数十个店铺，好几个商标。而大卖家几千个店铺的比比皆是。如何选品、测品以及打造爆品的方法不是本书探讨的重点，这里就不深入探讨了。

我们先了解一下坑位流量的概念。因为电商获客主要靠抢占坑位，不同的坑位对应不同的产量（坑位流量对应订单产出），所以，一旦具备了抢占坑位的运营能力，就可以做出订单量的预测，再叠加选品、运营、供应链能力，通过试错，快速形成合理的投入产出模型，最后，投入充足资金，快速裂变、做大规模就只是时间问题。

相反，我们看传统外贸模式，是否具备这样的标准化基因呢？

我认为非标订单模式是造成外贸企业不能做大的原因之一。只有少数实力工厂，可以获得大客户的周期内标准化的批量订单，某种程度上说这也算是产品标准化的生产了，极端例子就是富士康，由于订单规模足够大，标准化在一个订单周期内是成立的，所以，富士康可以把规模做大。但大部分外贸工厂订单不大，下单不稳定，订单个性化多，很难形成相对长周期的标准化生产，所以，非标准的订单式模式造成企业难以做大。

另外一个原因是管理，就是人员流失带走客户。但实际管理中，老板实在想不出有效的办法约束员工。我曾经招聘过几位工作十年以上的业务员，他们跟我说曾任职的企业的管理者不可能让他们了解产品成本，更不会让他们跟供应商深度对接。既要用人又要防人，这样团队很难做大。没有优秀的团队，就算营销端流量再大，如何很好地转化客户？相比跨境电商，人员流失对项目影响是可控的，因为品牌、账号这些都带不走，而且基础运营人员可以培养。

我有幸在2020—2022年的实际经营中找到了外贸公司规模化的办法。之后我会讲到如何"锁"住核心员工，"锁"住核心客户，"锁"住核心供应商。

第四节 传统外贸模式之终局

传统外贸模式早已进入存量博弈、产能淘汰阶段,路已到头。

现在国家大力倡导和主导的是新外贸、新业态、新模式。跨境电商 B2C 模式高速发展起来了,很多传统外贸工厂成功转型,如 ANKER 和 SHEIN 这样的企业。伴随这些成功企业的是新型的外贸新业态。反观传统外贸模式,各项成本升高,利润越来越低,流量费用太高,客户转化率低,规模做不大,员工离职等,发展日趋缓慢。

有人说:不对啊,我身边有朋友的产品外贸就做得很好。这里我们必须分清楚一个概念,行业整体的机会和个别产品做得好,是两码事。靠存量老客户生存和靠新客户求发展也是不同的。

为什么 20 年前,只要你做外贸,参加展会,但凡有订单的,都可以赚到钱。但现在还可以吗?某些品类,尤其是积累了一些优质客户和技术沉淀的企业,在消费端突然爆发需求的时候,它们势必能火一把。比如户外用品,以帐篷为例,我一个江浙做代工品牌的朋友就赚了很多钱。疫情期间的口罩、额温枪、血压仪都很热销,储能电源、户外电动自行车也供不应求。虽然机会依然存在,但传统外贸模式整体疲态已经暴露无遗,新模式外贸企业正在快速超车。

目前的全球经济格局在不断演变,中国作为全球制造业中心,角色也在全球格局中发生变化。国家需要我们的企业升级,从低附加值的加工制造模式升级为技术研发型科技企业、智能制造企业、品牌赋能型企业、数字化服务型企业。每年在北京举办的服贸会不再是单纯的货物贸易,生产技术、服务都可以出口,比如软件开发技术服务方案、互联网数字化营销的方案、桥梁建设、高铁技术等,我们要成为高附加值的创新型国家,这是中国外贸出口的新机会。

未来5年,主动升级转型的企业会抓住新的发展机会。被动升级转型的企业,可能会被淘汰出局。

品牌、渠道、产品技术,我们可以选择其中一个作为目标。比如可以尝试跨境电商的模式,产品上架到亚马逊或者独立站等,抓好直销渠道;也可以做品牌化模式,为电商卖家或者国外客户做品牌代理,不断累积分销渠道资源。

第五节　传统外贸订单趋势从大 B 走向小 B

先给结论

全球超级竞争格局下,传统线下生意模式无法支撑以前的发展规模了,市场被新进入的线上竞争者抢食,市场洗牌产生了新的格局,这必然将淘汰一批传统采购商。

拆解逻辑

近十年,外贸领域最大的黑马是跨境电商卖家,这个模式成就了无数国内外卖家。你看下我们耳熟能详的跨境电商平台,如 ebay、亚马逊、WISH、速卖通、Lazada、Walmart、Shopify,这一波带起来多少卖家?这么一大批的卖家通过互联网卖货,消费者在全球范围购买的金额又会高达多少呢?

某网络媒体宣称中国跨境电商卖家 2022 年的销售规模可能达 15 万亿元人民币。如果没有跨境电商,这

15万亿元应该在线下的商超卖场完成,这些钱应该由传统外贸商独占。可是现在不一样了,传统外贸商的生意被抢了,被一群不大不小的公司甚至是个人卖家给抢了。

跨境电商的发展直接导致了传统生意链条的重置。跨境电商B2C下的模式可以由工厂直达消费者。而OEM模式下,传统的代理铺货模式转不动了。有些海外采购商直接被淘汰了。

而跨境电商的卖家们通过快速微创新产品、上架销售,然后又升级产品、上架销售,不断通过新产品吸引消费者购买。线下大采购商们因此不敢大规模囤货,担心货物还没卖完就被线上竞争对手迭代了,于是,减少订单采购数量、增加采购频率是他们目前最好的规避风险的应对手段。就这样,以前的大客户单子变小了,大客户变成了小客户。

同时,在询盘中,你会发现询盘客户的资质不如以前。出现了很多小型采购者,甚至有客户希望你在他们的国家有仓库,能够提供一件代发的服务,因为他们销量不大,不敢进货,不囤货的分销模式对他们来说最为保险。阿里国际在前几年也试水了RTS(Ready to Ship,也就是小批发模式)和Drop Shipping(一件代发模式),这是为了迎接新崛起的一代生意人。这都代表着国际贸易客户的变化趋势。

落实建议

我始终建议无论传统外贸企业还是跨境电商企业,都应开始考虑B2B2C模式。

对于传统外贸企业来说,当下以OEM为主,B2B2C模式下依然可以兼顾OEM客户的需求。

通过设计B2B2C模式,升级企业海外营销战略高度,有利于企业转化 OEM 客户,增加订单和利润。

同时,还可以扩宽电商渠道,拓展私域客户,甚至直接面对终端销售,沉淀品牌价值,最后品牌价值反向传导到营销和销售环节,形成闭环。

第六节 传统外贸模式低利润率的本质

利润低怎么破？

当我们在思考破解方法之前，我们首先要弄清楚利润低的底层逻辑是什么，然后找到破解方向，最后结合公司现有条件来推导出对应的破解方法。

传统外贸工厂利润率低的本质是企业在产业链中的附加值低。

为什么附加值低？

这跟传统外贸工厂在产业链中的位置有关。当工厂定位做 OEM 时，那工厂赚的就是加工组装这部分的钱，其价值就在于用足够低的成本把产品生产保质保量地交付。这一招在过去是可行的，因为客户需求在那里。但目前，外贸客户发生了变化，大买家变成小买家，小买家需求和大买家的需求是不同的，如果工厂不改变，就赚不到钱。

传统外贸企业提升利润率的底层逻辑是企业能给客户提供多少附加价值,要想提升利润,首先得改变企业在产业链中的位置。我用"赋能"这个词来描述,也就是说企业能够在哪些层面上赋能客户,帮助客户"更多、更快、更好、更久"地赚钱。如果只能提供产品加工,产品性价比没有竞争力的话,企业势必丢掉客户。

调整位置,提升利润的模型

我总结了3个方向,即品牌化、数字化、技术化。

品牌化是营销升维,数字化是管理升维,技术化是研发升维。

品牌化提升产品交易效率,更快速地让客户产生购买行为,同时提升产品溢价能力。

数字化提升客户公司管理运营效率,降低综合运营成本,进而提升企业利润率。

技术化提升产品竞争力壁垒,从而延长产品市场销售周期;同时,技术化提高产品迭代速度,来提升开发市场、抢占市场先机的能力,成为第一个吃螃蟹的人,赚最好赚的钱。

企业适合哪个方向,取决于企业的优势沉淀,比如企业更擅长营销,那么应走品牌化方向。

如果企业对供应链管理有经验,有软件开发基础,可以走数字化运营方向。

如果企业在产品研发上有很好的技术储备,应走产品技术化方向。

如果能三个方向同时发展,那利润率提升基本就是大概率的事件。

如果企业一项都不具备,我建议走"品牌化"方向,因为营销端投入,见效快,成本低。如何低成本实现品牌化,来提升利润空间,请继续阅读。

第七节 传统外贸转型跨境电商 B2C 可行吗?

自 2015 年到 2020 年,这 5 年多的跨境电商黄金风口如果你没有抓住,现在去做,难度更大。即便在这黄金风口期间,也有大量企业折戟其中,以失败告终。如今,竞争加大,获客成本增加,平台规则更复杂,合规要求更高,企业胜算几何?

我来拆解下其中的逻辑。B2B 贸易的生意逻辑和 B2C 电商逻辑完全不同,虽然说两个生意最终是卖产品赚差价,但并不是说你有产品就能赚钱。

B2B 模式是相对被动的,而 B2C 是相对主动的。

B2B 模式下的企业生意场景下客户会主动跟工厂提出对产品的具体需求,工厂只需要在控制好成本的基础上,生产出客户需要的产品,就可以赚钱。而 B2C 模式下的生意场景下企业是被动的,消费者是主动选购上架的产品,消费者喜欢就下单,不喜欢就不下单,一旦选品出错,大量备货,就会产生库存积压,造成亏损。

而 B2B 情况下,客户不赚钱不接单,是不会亏损的。

同时,B2B 模式是客户先付钱而后生产,生产完付全款再发货,现金流相对更好,资金周转更快。而电商是要先拿钱买货,再花广告费推广,卖出去才能收到钱,资金提现还有周期限制,整体链路长,资金周转效率低,现金流紧张。

B2B 链路较短,环节较少,而且基本上每个环节的确定性是比较高的。但 B2C 链路长,影响因素多,比如 2021 年的物流价格飞涨造成成本提高,运输时效延长,货物周转变慢等。任何一个环节出现问题,B2C 整个链路就会断链,导致亏钱。所以,B2C 的跨境电商模式对于传统外贸企业来说,运营环节多,管控要求高,管理集中度高,运营节奏把控要求高,资金使用效率管控要求高,要有专业的运营团队,所以 B2B 转型为 B2C 难度很高,失败率较高。而不能简单地理解为工厂思维不适应电商思维。

当然,也有很多转型成功的企业案例,转型意味着向着新的领域、不熟悉的领域寻找新机会。这些成功者,无一例外,要么企业老板全力投入,聚焦专注。要么充分授权给专业的人员,为其提供足够的资源和支持。在转型的十字路口,你如何通过提升认知,选择正确的方向呢?

第八节 传统外贸走品牌路线是否有机会？

先给结论

我觉得大多数企业不可能独立做成一个外贸消费品牌。但是，如果学会借力，做行业内的 to B 型渠道品牌，那么成功概率将大大提高。

拆解逻辑

第一，建立直通消费者的品牌，需要具备多重要素。比如资金投入，品牌传播费用相当高；比如培养基于不同国家文化与消费者洞察的专业人才等。

第二，传统外贸企业做行业内的 to B 型渠道品牌是可行的。B 类客户的圈子比较小。企业参加广交会或国外展会，品牌知名度就有一定的影响力。尤其是借助目前的社交媒体，以海外版抖音 TikTok 为代表的视频传播方式，能够快速聚集同行业和上下游产业链的 B 类公司。后面有一小节专门谈 TikTok 品牌传播与营销策略。

落实建议

现在,外贸获客成本很高,变现难度很大。所有的外贸企业都需要立即启动品牌化升级的动作,尤其是面向 B 类客户的品牌化升级。"做品牌"是一个持续烧钱的过程;但"品牌化"可以理解为升级品牌形象,建立一套理念、模式、营销计划、营销物料、销售工具、产品服务等。当然,品牌化的过程依然是在做品牌,只是目的性和目标性是不同的。

第九节　外贸走技术研发路线是否有机会？

先给结论

我认为能够做好技术研发的公司，未来机会很多，市场一定会奖励技术型的公司，就看企业是否储备了技术基因，或者有足够的战略定力，持续投入技术研发。

拆解逻辑

为什么技术路线有机会？

首先，技术是产品升级迭代的驱动力。一旦企业掌握了核心技术，尤其是能够低成本地实现技术创新，那么企业的产品竞争力会大大提升。产品竞争力目前依然是外贸获客的关键着力点。试想，一个有核心技术产品的创新公司与一个产品组装公司，谁更胜一筹？

其次，在全球超级竞争时代，产品迭代速度长则几个月，短则几周甚至几天。但是关键的核心技术却不太容易被模仿，尤其是具有专利权的技术，会帮助企业建立一定的竞争壁垒,从而延长企业赚取利润的周期。

最后,消费者喜新厌旧,全球消费者都一样。用户都在追求变化,追求与众不同。一旦企业的技术抓住消费者,那么客户就有黏性。

落实建议

我认为有技术基因的企业,在有条件的情况下,可以不断追求技术升级,带动产品创新。技术驱动下的产品创新力会帮企业获得更稳定的客户,也更容易吸引新客户,同时,对企业的品牌也是一个很强大的支撑。

如果企业没有技术基因,属于外贸业务型公司,那就不要轻易去触碰技术了。相比之下,业务驱动型的外贸公司适合去做品牌渠道建设,拿到客户后,反向整合有技术的供应链即可。技术价值、品牌价值、渠道价值都是值得我们去做的。有研发能力的技术型公司重点走技术路线。销售型公司重点走品牌化和渠道建设。

第十节 外贸企业高质量获取询盘的底层逻辑

外贸询盘的底层逻辑是吸引力法则,你宣传什么就会得到什么样的客户。

我在这里分享一个生意公式。

好的产品+合适的渠道+对的人

有人认为获客就是获取流量。我认为这个答案不对,而且误导性很强。我们经常见到烧钱投流,投资回报率(return on investment,ROI)不达标亏钱的例子。比如,跨境电商的产品,客单价为三十多美元,通过亚马逊平台销售,投放一定的广告,是盈利的。但测试其他平台广告,发现三十多美元的客单价是无法盈利的;如果客单价能超过 80 美元才有利润。如果"产品+渠道+客户"匹配不到一起,最后就是亏钱,不可持续。

如何获得高质量的客户

(1)客户是谁?

我们要想获得目标客户,那第一件事情是做什么?

是不是需要明确地定位目标客户？客户是哪种类型？客户的需求是什么？客户分析的工作要做到位。

(2)合适的渠道。

这类客户在哪里？他们出现在哪里，我们就要把广告投放到哪里。比如客户在广交会，企业就要参展。如果客户在阿里国际，那么企业就去开阿里国际店铺；如果客户在谷歌，在Facebook，或者在TikTok，那企业就要做对应的推广来接触他们。简单地说，客户在哪里，哪里就是我们的战场。不要听别人说哪个平台或者方法好就去尝试，我们一定是认真思考客户是否在那里，因为别人的客户群和我们的客户群未必是一类客户。

(3)好的产品。

好的产品要根据市场和渠道来定义。产品主打低价，是不是好产品呢？从品质的角度上讲，绝对不是最好的。但从目标消费者角度，适合他们的消费水平的就是最合适的好产品。

落实建议

怎么操作才能吸引到目标客户并有效转化？为什么工厂很容易吸引那些对价格敏感的客户呢？因为企业对外宣传展现的东西都是工厂的产品，量大而价低，那客户很有可能就是奔着价格来的。如果企业展示的是品牌价值或者其技术价值，那吸引来的就是重视品牌和技术价值的客户。

目前外贸市场的客户在发展变化，企业需要重新思考客户是谁。过去很好的B类客户在发生变化，大单变小单了，小客户变多了。我建议外贸企业要重视客户变化，尤其重视新客户的需求，再来策划一套吸引他们的模式和营销计划，最后选择合适的渠道投放广告。千万不要一味投流，不思考客户定位和转化系统，最后拿不到想要的客户！这是非常重要的事情！

第十一节　外贸企业高质量转化客户的底层逻辑

高质量转化询盘并不是一种销售说辞和套路,而是从营销高度体系化设计整套转化系统。

乞讨式销售带不来优质客户。

转化客户不是销售逻辑,而是营销逻辑

销售逻辑之下,卖东西是低维打高维,价格越谈越低,被动挨打。

营销逻辑是先升维,再高维打低维,是赋能逻辑,主动才有话语权。

如果你发现行业内卷严重,每天价格战,甚至不赚钱也无法赢得市场,那说明你们的谈判维度已经入坑,否则,花再多的广告费,都无法转化到高质量的客户。记住,乞讨式销售带不来优质客户。

目前的外贸行业,谁家的产品都不是独一无二的,你能做我也能做,大家都在比价格,利润越来越低。部分企业不断提炼企业的产品卖点,希望在销售上多一点说辞,但依然无法避免进入成本坑。因为维度始终没有跳出来,没有跳出产品,没有跳出工厂。我在领导外贸团队的时候,没有工厂的价格优势和生产优势,但我们的整柜订单销售利润可以做到30%,如果工厂直发,利润会更高。

转化力来自营销升维

升高维度才有高质量的转化。你来看一个从高维到低维的逻辑:"品牌—营销活动—产品销售"。这三个要素哪一个维度更高?你在哪个位置?你是否发现越是高维越需要主动谋划?一旦主动谋划,你就发现开始掌握主动权。销售要想轻松,不要每天研究销售套路,因为那样始终都是在一个低维的区间变化,不会有质变的。

最后,举个例子。我在组建外贸团队时招聘了5个外贸业务员,他们有6~10年的经验,工作惯性就是找客户线索,然后发产品和报价单。他们拿到客户往往是通过这样的努力和勤奋。如果管理者能从营销上进行升维,销售人员就可以轻松地拿到结果!

落实建议

解决客户低质、价格战、利润低的难题,需要先从思想上解决问题。从产品销售的低维度,提升到营销的中维度和品牌化战略的高维度。后面会详细讲解如何升维。

简单说一个场景。我曾经设计了一套品牌化方法,策划全球招商计划方案。我要求业务员在没有跟客户讲完品牌全球化战略构想和全球招商计划之前,不允许发送跟产品和价格相关的资料给客户。我用一套品牌化升维体系来保障客户的认知,让客户不要把我们和工厂拼价格的同行业来对比。这样,我们成功地把 OEM 客户转化成我们的品牌代理客户。

第十二节　中国外贸进出口 3 大平台带给我们的启发

中国外贸进出口三大平台分别是广交会、进博会、服贸会。这三大外贸窗口代表了中国在国际贸易市场中的角色变化。

广交会是中国进出口商品交易会（The China Import and Export Fair）的简称。它创办于 1957 年 4 月 25 日，每年春、秋两季在广州举办展览。

进博会是中国国际进口博览会（China International Import Expo）的简称，也称为"进口博览会"，由商务部和上海市人民政府主办，中国国际进口博览局、国家会展中心（上海）承办，为我国以进口为主题的国家级展会。

服贸会是中国国际服务贸易交易会的简称，是一个国际性、综合型的服务贸易平台，创办于 2012 年，每年 5 月 28 日在北京举办展览。由商务部和北京市人民政府共同举办,由世贸组织、联合国贸发会议、经合组织等国际组织共同支持,是涵盖服务贸易12大领域的综合型服务贸易交易会。

三大展会中,广交会侧重大宗货物进出口贸易,进博会侧重商品进口,服贸会侧重服务贸易。这3个平台打开了中国货物贸易进出口的大门。老一辈的外贸企业通过参加广交会来寻找客户。进博会是全球化浪潮下中国对外开放的新举措,欢迎全世界的商品进入中国。服贸会体现了服务行业的创新发展和辐射带动作用。

在货物贸易升级转型的关键时刻,这些展会给我们带来了一些新的思考,即如何把货物贸易和服务贸易结合起来。

为什么以前以货物贸易为主,现在服务贸易在迅速发展?这个变化告诉我们,中国在国际上的影响力已经发生质变,我们不再是只能组装产品的制造大国,也是可以输出技术和服务的综合实力大国。大数据、云计算、工程设计、行业技术解决方案等都属于这个范畴。

品牌是什么?品牌是否可以理解为服务的一部分?或者说品牌包含了增值服务?以前企业只要做好产品加工,然后报一个出厂价,剩下的就是客户的事情了。现在的企业恐怕需要重新构建价值输出体系。企业不仅仅要生产出好产品,还可以为客户做得更多。

举例,我的外贸团队可以为客户提供设计服务,比如客户的门店需要设计一个海报,他只需要发文案过来,我的设计师就可以帮他完成。类似这样的技术服务是否是服务贸易的一部分呢?如果企业能系统搭建客户增值服务体系,那么产品销售会更容易,利润也会更高。我可以肯定地告诉你,这是我经过2年实践得出的结论。我相信这也可以帮助你升级业务能力,提升业绩和利润。

结论

从国家三大对外贸易平台的变化上,可以找出企业决策和战术策略的一些依据。

第十三节　全球疫情产生的机会和不可逆变化

全球疫情持续3年,疫情对人民生活影响很大。我们只能从外贸市场的角度,论述跟外贸业务关联度比较大的影响。

疫情对外贸的影响,大部分人会关注哪些产品受益,比如防疫类的医疗器械、医护类产品;庭院休闲和儿童玩具产品;以帐篷、运动自行车为代表的户外用品等。疫情对餐饮业和旅游行业冲击很大,对外贸企业也会有一定影响。

我们看到,网络购物行为越来越频繁,更多消费者在疫情期间养成了网购的习惯。还有很多人因为线下实体店的政策影响,转型变成一名卖家。还有一些人通过TikTok这样的视频平台成为网红,并开始直播带货。

对于外贸从业者,我们既要善于提前判断行业机会,也要能够把握一些市场演变的逻辑,从而对我们的产品或者外贸模式进行创新。比如这些新生代的电商卖家和网红主播,他们的优势是聚集粉丝影响力,他们也需要好的供应链来发展。我所主张的 B2B2C 模式,正好就是在这种市场演变下产生的。

如果你是一位跨境卖家,依然依靠单一的 B2C 模式,在现在新生代电商增多的情况下,销售难度又加大了。而合作思维引导我们如果把已经拥有的资源变成合作的筹码,与新生代电商展开合作,那就是共赢多赢的局面。

全球疫情管控会放开,什么变了,什么没变,我们要留意观察其中的机会。

第十四节　外贸业务员的职业迷茫与转型方向

当一个时代即将结束,新的时代来临之时,对于能够"观历史、看现在、望未来"的人来说,是一个千载难逢的机会,因为每一次时代的变革孕育着更大的商业机会。

我曾经招募了几个有着 8 年外贸经验的业务员,发现大家对行业的感知都是"困难"。他们说客户越来越难伺候,单也越来越难,还有很多客户不知不觉就没有了。而获取新客户的难度更大,不能参加广交会和海外展会,而通过线上方式发邮件,基本杳无音讯。

但是,新的机会在涌现。我在做 TikTok 直播招募主播的时候,很多来面试的人是英语口语比较好的外贸业务员,他们认为以 TikTok 为代表的直播带货是未来的一个机会,希望转型做一名海外直播带货主播。

早在 2020 年上半年,我尝试开启 B2B2C 模式的时候,就跟团队成员说过:"如果你们在职业认知和职业能力上再不能升级,你们将会越来越没有竞争力。因为你的能力没有变强,有8年外贸经验不一定比有5年经验的外贸业务员优秀。"后来,团队成员按照B2B2C模式工作,职业发展都得到了很大突破。

我们简单分析下,外贸从业人员的职业窗口在哪里?

外贸未来十年的机会,我上面分析过。比如做品牌这件事情,小公司一定不会做,大公司会率先开始,那大公司就需要了解品牌和品牌招商的市场人员。如果我们具备了全球招商的思维和经验,就有机会把握住未来十年新的窗口机会。这就是分析大势、了解了新的企业用人需求之后得到的结论。招一个普通的外贸业务员不难,但招一个了解全球招商的外贸市场人员还是不容易的。

第十五节　传统外贸未来 10 年的趋势和机会

当今国际环境风云变幻,捉摸不定,我只能从逻辑上做一些判断,拆解传统外贸,观历史,看现在,望未来。

(1)我非常确定的一点是,传统外贸(OEM/ODM代工模式)不是未来主流。

(2)外贸品牌化。近 10 年,中国诞生了一批优秀的跨境电商企业,比如上市公司 ANKER、SHEIN,还有众多工厂转型跨境的品牌。

(3)开放化。中国外贸面向海外国家的广大消费者。

(4)正规化。当外贸品牌落地海外,也伴随着公司合法、财税合规、产品符合环保等要求。

(5)渠道化。外贸品牌出海一定是需要依靠本土渠道来快速稳定和扩展市场的。

(6)技术化。中国外贸的产品需要继续建立技壁垒。

(7)资本化。中国外贸企业将越来越重视资本的价值和使用方式。

(8)智能化。中国外贸工厂智能化程度越来越高。

(9)内容化。中国外贸企业营销端越来越重视互联网输出内容。

(10)快速转型。中国外贸工厂和外贸公司接下来几年将面临快速转型的需求。

CHAPTER

第三章

拆解跨境电商

跨境电商经过十年的发展,已经成为中国外贸出口的新力量。未来5年,依托中国崛起与中国制造的深厚根基,跨境电商将充分发挥互联网数字化的优势,补齐跨境全链路短板,继续扬帆四海、领跑全球、再创辉煌。

——王红亮

第一节　跨境电商模式的两个优良基因

这个话题很少有人提及。但任何模式创新的前提,一定会基于一个基本条件。企业的经营模式会有一个基因,这个基因会影响企业创新的成功率,所以,我们必须了解企业基因才能更好地创新。

跨境电商模式的优良基因是什么?

我的答案是可复制性和品牌化。

为什么说可复制性是跨境电商的优良基因之一呢?

(1)可复制性等同于规模化。选品一旦出了爆款,销售规模增长很快,电商平台流量是共享的公域流量,只要你抢占了固定坑位,就可以拿到订单。最关键的是流量获取的结果取决于"ROI 和资金量",一旦 ROI 模型成立,投入广告费,一切水到渠成。而传统外贸不具备这样的基因,很难做一个标准的 ROI 模型出来。

(2)品牌化。因为跨境电商基本都是卖自己的品牌。品牌具有很多优点。比如运营离职后,并不会对企业的销售产生影响。而传统外贸企业,业务员离职后客户会被带走。企业只有掌握品牌,才能掌握稳定性。

基于可复制性和品牌化,跨境电商团队的产品扩充和品类扩充都变得很轻松。把握好跨境电商的优良基因,不断把品牌做得更扎实,更有影响力,企业的基本面就更好。把企业的复制能力变得更强,企业发展也会更可控。

如果将跨境电商的优良基因植入传统外贸企业中,会带来什么机会呢？我们后面再给答案。

第二节 TikTok 短视频电商是不是机会?

TikTok 短视频电商目前有几个特点。

(1)TikTok 短视频账号的自然流量成本很低。

(2)TikTok 短视频账号可以挂独立站链接,独立站做转化。

(3)TikTok 可以开通商业广告投流,链接独立站,承接流量订单。

综上来说,TikTok 短视频投流模式可以完成闭环,具体效果可以根据实际产品不断测试,判断是否可以达成比较理想的 ROI。

这里,我重点提一个概念是"私域电商"。私域电商不同于第三方平台的公域电商。公域电商依赖平台流量,也受制于平台流量。而私域电商建立起来后,可大大降低营销费用。

举个例子,经过数据分析,某企业的产品在亚马逊上的销售复购率可以达到25%。这个时候,我们通过对复购用户的分析发现,购买用户是行业内的专业客户。也就是说他们会持续复购。我们每一笔订单都需要向亚马逊平台支付10%的佣金。试想,如果这些客户通过独立站来完成购买,我就可以节省这10%的平台佣金。所以说,私域电商可以降低营销费用,增强消费者与品牌方的直接互动。

  TikTok短视频账号通过不断发布作品,可以很快吸引到粉丝关注,或者通过投流模式,不断获得精准客户,扩大私域池。所以,通过TikTok低成本的流量渠道,建立品牌私域池,通过独立站转化订单,这个模式目前机会很大,可行性非常高。建议大家重点关注TikTok的海外发展动向,积极开通账号测试。

第三节　TikTok 海外直播带货的机会与挑战

TikTok 海外直播带货的机会在于目标用户通过直播间购物的习惯。我们可以借鉴国内抖音直播带货的经验。

目前，海外用户还没有形成直播间购物的习惯。另外平台流量分配机制也在不断调整。带货直播间的流量分配偏少，在用户购物转化不理想的情况下，平台流量分配也会比较谨慎。

对于重视品牌化的跨境电商的卖家而言，直播间是很好的宣传机会。

跨境卖家必须足够重视品牌化的输出，海外消费者的购物习惯也正在趋于购买自己熟悉的品牌和知名的品牌。这个逻辑也告诉我们，未来跨境电商的门槛会越来越高，没有品牌的产品只依靠价格很难抢占市场。这个趋势可以参照淘宝天猫的电商发展趋势。直播间带货与传统电商平台卖货结合是趋势。未来的跨境电商必然是多层次、全链路发展。

垂直品类直播间和好物推荐直播间是两条不同的路径

垂直品类直播间更适合大部分卖家和主播,因为垂直品类直播间粉丝用户属性一致性更高。更重要的是垂直品类直播间专业化程度高,对主播的知名度要求不高,比较适合广大的卖家,同时一旦建立稳定的垂直私域用户池,未来用户价值很大。

反观好物推荐直播间,对主播要求可能更高,产品不断变化,流量不精准,粉丝黏性可能不高,更多的用户可能是求便宜购买,未来私域的用户价值不如垂直品类的私域。同时,不断换新品对供应链也是一个挑战。

我建议大家做垂直品类直播间,打造专业的产品。

直播本土化是跨境直播的终局

"本地人、本地号、本地播"是未来的主流。"跨境直播"会面临巨大的挑战。直播间作为人与人的互动直播带货方式,中国人的文化、语言、价值观很难和国外客户完美匹配。如果仅仅介绍产品,未来的竞争力会大大降低。这和平台电商网页展示产品的模式完全不同。人跟人买产品和人跟平台买产品,是两个不同的逻辑。

很多人认为 TikTok 直播带货会复制抖音带货的发展规律。我的观点是直播带货模式大致相同,但中国的跨境直播卖家是否能复制国内直播带货主播的战绩,可能要打个问号。

直播带货在全球发展趋势向上的观点是不变的,但做跨境直播一定会有很多困难。跨境直播电商环节多,受限条件多,复制难度很大。

对于品牌方、跨境卖家甚至外贸企业来说,用好直播间的宣传属性,结合自己的优势做创新,值得尝试。

最后,也建议大家关注 TikTok 在海外的发展,市场选择是第一位的。比如,目前欧美市场和东南亚市场哪个更好做?

第四节 跨境电商卖家要不要开启 B2B 业务？

我的答案是：一定要。

跨境电商卖家一定重启 B2B，让 B2B 跟现在的 B2C 一起发展，以规避风险，降低成本，资源使用效率最大化。

B2C 如何跟 B2B 模式做整合，一定要分析几个要素：产品，客户群，市场需求，企业基本条件等。

举个例子，家具的 B2B 模式。产品特点是定制化程度高，客单价高，可操作的利润空间大。客户群广泛，终端消费者和经销商画像绝对清晰，市场需求度高。公司具备完整的供应链能力，并具有一定的平台品类知名度。

在这种情况下，B2C 模式备货资金要求高，企业经营压力较大，并且销量对平台依赖度较高，风险很大。

我推荐采用"全球招商＋订单模式"，核心就是将电商品牌数据包装后,在全球找合作伙伴,由合作伙伴来开拓品牌在不同国家的市场。我通过全球招商模式建立了全球25个国家的代理渠道,合作伙伴按照传统外贸方式下单。整柜订单利润部分超过30%。客户多采用全款下单,少数客户按照常规贸易30%定金下单,发货前付完全款。全球招商模式大大提高了企业的销售业绩,保障经营利润和现金流,也进一步提升了渠道价值和品牌价值。

跨境电商B2C结合B2B会有很大的机会。但鉴于卖家的产品、用户、市场、自身条件不同,最终所设计的营销策略会有所不同。某些外贸企业在认知层面上存在缺失,路径依赖比较重。我希望大家积极思考和尝试新模式,为企业创新打开新的一扇窗。

第五节　跨境电商未来 5 年的机会与创新

跨境电商从 2015 年开始高速发展,成就了无数的小卖家,也诞生了一些亿级大卖家。

2021 年开始,亚马逊官方开始清算曾经违规的卖家,封店、封品牌,造成货物积压无法销售。有些曾经风光无限的跨境卖家损失惨重。如有的跨境电商 2021 年销售额 3 亿,却亏损 3000 万。一时间,不少跨境电商开始裁员,深度优化团队,"求稳"成了跨境电商卖家发展的主旋律,不再盲目追求高速发展。

那么,未来 5 年,跨境电商卖家的路到底该怎么走?

从行业发展的周期来看,任何一个行业都会经历"起步、成长、成熟、衰退"四个阶段,那么跨境电商目前在哪个阶段呢?我的观点是在成长期,还没到成熟期。我们分析一下。

中国跨境电商是伴随着跨境平台的发展而发展的。

从 2000 年开始，就有卖家通过谷歌搜索引擎 SEO 方式获取流量。后来，ebay 进入中国，一批卖家进入 ebay，抢占 ebay 流量。2014 年，亚马逊在中国招商力度加大，FBA 海外仓与配送服务对卖家和买家都很友好，极大促进了中国跨境电商卖家进入亚马逊。同时，以 SHOPIFY 为代表的独立站崛起，卖家们开始组建自己的私域流量，不再依赖某一个跨境电商平台，以获取更多低成本的流量，同时也降低单一平台风险。近年来，以 TikTok 为代表的短视频流量逐步爆发，卖家们也开启了新模式。

如果说第三方跨境平台的流量红利期都是三年，那么以国家区域为代表的跨境电商要经历较长时间让消费者养成线上购物习惯，并不断提升购物的金额。一方面是平台的快速发展，流量在哪里，卖家就在哪里；另一方面是国家区域电商的发展，本土电商可以享受更多的红利。

跨境电商卖家独立上市的公司还不多，跨境生态依然还在跑马圈地，比如拼多多开始下场，微软开始招商，菜鸟开始布局巴西本土物流，TikTok 的电商开始试水。目前，大多数国家的平台还没有进入中国招商，卖家经营的合规化才刚刚开始，这说明跨境电商这个行业还没有进入完全存量博弈的成熟期。

大家可以积极在全球不同市场、不同平台、产品类目中寻找自己的位置和机会。

我给出十个结论。

(1) 跨境电商整体是高速增长的，依然处在成长期，未来 5 年孕育着大量的机会。

(2)卖家逐步从单一平台扩展到多平台经营,很多新平台依然具有流量红利。

(3)越来越多的优秀卖家选择品牌战略。

(4)本土化是趋势,走"本土公司+本土账号+本土团队"模式的卖家,将走得更远。

(5)私域电商将被提到一个新的高度,以应对流量成本的增长。

(6)线上 B2C 电商与线下 B2B 渠道融合发展,形成 B2B2C 模式,全域营销。

(7)中国精品垂直品类卖家被收购的案例会越来越多。

(8)东南亚、中东、巴西、俄罗斯等新兴区域电商机会有待挖掘。

(9)卖家面临国内经营财税合规与海外销售财税合规双重压力。

(10)海外仓业务模式将会出现"产品展厅+海外仓"的新模式。

第六节 本土化是优秀卖家的必由之路

跨境电商卖家过去的发展与时代红利密不可分。

一开始,以 ebay 和 amazon 为代表的跨境电商平台的全球化崛起,平台买家以发达欧美国家的消费者为主,但欧美本土卖家却很少,以至于产品品类可选性低。此时,平台急需跨境卖家入驻,尤其是以中国制造为背景的中国卖家入驻。当中国卖家入驻后,平台很快就吸收了大量卖家,并通过 FBA 的物流海外仓服务,快速整合到无数产品为买家服务。所以,此时跨境卖家极其受平台欢迎,也产生了一些影响。

(1)欧美线下实体企业被线上电商抢占了很多市场。于是,线下实体企业开始加大线上的力度。企业依靠本土品牌优势和集中采购优势以及产品品质和线上线下服务优势夺回了很多消费者。本土品牌成为中国新兴卖家强大的竞争对手。

（2）中国卖家以前不用缴纳任何消费税,成本上相对于欧美本土卖家来说就有优势。但以后这个优势不存在了。

总之,我们看到越来越多优秀的卖家开始思考和推进跨境的本土化进程,包括本土公司、本土账号、本土员工等。

第七节　合规化是每一个卖家的必修课

跨境电商均要求财税合规、产品合规、知识产权合规、运营合规。合规化是每一个卖家的必修课。

(1)财税合规。①国内企业经营的财税合规；②产品海外销售或者海外公司的财税合规。

2015年之后，欧盟督促成员国加大增值税征收力度，并对平台方(如 ebay 和 amazon)进行连带责任追责。2016年，英国开始对中国卖家征税。目前欧洲主要国家都开始征收增值税(value added tax，VAT)。

(2)产品合规。比如2022年5月份欧洲开始执行EPR(extended producer responsibility，生产者责任延伸，欧盟的一项环境政策)。这一项政策就规定了卖家要对其投入市场的产品的整个生命周期负责，即从产品设计生产到使用生命周期结束，同时包括了废弃物的收集和处理。几乎所有产品都涉及 EPR，如果是一些特殊商品(比如电池和电子设备),还要专门申请批准。

(3)知识产权合规,比如商标保护、版权保护、专利保护等。

(4)运营合规即要遵守平台规范。

合规化带来的影响如下。

(1)合规化造成成本增加,当产品失去性价比优势,很多卖家将无所适从。

(2)一些卖家不了解目的国家的法律法规,这个学习的过程会很痛苦。

(3)沟通障碍造成很多隐性伤害,由于不专业,任何一个失误都可能影响店铺。

第八节　海外仓模式的挑战与机遇

海外仓是跨境电商商品流通链路中非常重要的一个环节。

海外仓的发展已经到了大鱼吃小鱼的阶段。过去,很多海外仓是办公室兼临时仓库,从事商品中转、一件代发、增值服务等。部分仓库提供产品售后服务。2019年,我去美国专门花了20多天考察海外仓,仓库的管理只实现了ERP信息化管理,还未达到智能仓库的程度。

海外仓有哪些机会呢?

(1)对于跨境电商巨头来说,智能化仓库才是未来。而普通商家可以尝试"仓库变展厅"的模式。

仓库的属性是堆放产品。展厅则是展示。我在2020年做全球招商的时候,很希望找到一家海外仓提供商品展示。因为疫情期间,客户无法来中国,我们也没办法去海外参展,所以,如果有海外仓能够给客户看产品,会促进销售。

(2)拓展新市场。跨境电商市场在发生变化。开拓新兴市场就可以到当地建立海外仓。手上有老客户的,可以多跟老客户聊聊,关注他们在开拓哪些国家的海外仓。

对于卖家来说,海外仓的基础建设只会越来越成熟,越来越规范、透明。

第九节　跨境电商"倚天剑"和传统外贸"屠龙刀"

跨境电商在其"品牌＋爆款"的优良基因下,规模化成长速度非常快。早期的跨境电商可谓是野蛮生长,在行业趋好的发展过程中,也伴随着一些"杂草"。近些年,在国家的大力支持下,各地政府不断出台政策支持跨境电商发展,跨境电商模式不断被复制,并作为一个成功且合规的模式,大大激励了传统制造企业进入。

在"一带一路"倡议之下,跨境电商也带动了"一带一路"沿线的经济活动。跨境电商是中国制造向中国品牌升级转型、弯道超车的高速路,也是中国制造优质产能向全球释放的一个渠道。所以,跨境电商在未来5年将持续高速发展。

传统外贸作为中国经济的稳定器之一,一直承担着重要使命。传统外贸模式下的大宗货物交易当下依然是中国出口的主要组成部分。中国的传统外贸已经建立了稳定的全球销售网络,各国都在销售中国商品。传统外贸的"屠龙刀"依然是凌空高悬、熠熠发光。

  传统外贸根基深厚,销售渠道网络遍布全球角落。跨境电商通过互联网电商渠道弯道超车,快速成长。一个地网,一个天网;一个实体,一个数字;跨境电商与传统外贸就像中国制造出口的两条蛟龙,缠绕奔腾,勇往直前。未来5年,两条蛟龙合二为一,成为中国外贸的新业态、新模式。

  当传统外贸"屠龙刀"遇到跨境电商"倚天剑",两者叠加出来的爆发力,能力无穷,能深刻影响全球经济,促进"一带一路"发展。刀剑合一后,我们将看到一个崭新的市场,这对中国制造、中国品牌、中国卖家都将是全新的挑战与机遇。

  但刀剑如何合二为一?外贸新模式如何才能在企业现有的模式中生根发芽,开花结果?留待后文分解。

CHAPTER

第四章
拆解品牌认知

认知决定行为。如何认知和定义品牌，将决定企业的战略方向、营销策略、销售方法等。那么，品牌到底是什么？与品牌化有何不同？品牌到底如何解读才能真正对企业有实际帮助？本章本着实用原则，重新定义品牌，带大家做一个分析。

——王红亮

第一节 提升认知,重新定义品牌

"品牌是企业核心的无形资产。"

"品牌是企业建立与客户信任关系并降低市场交易成本的工具。"

"品牌不仅仅是一个名字、一个标识,它还是企业对市场和客户的一种承诺。"

以上都是关于品牌的描述和价值论述。我将从一种更接近中小外贸企业实操的角度来帮助大家梳理品牌的概念。

品牌出海是中国外贸企业的转型方向之一,但毋庸置疑,目前大部分中小微企业并不具备系统化做品牌的条件。一些中小微企业管理者觉得自己没有做好一个品牌的基础,以至于将品牌束之高阁,无从下手。

认知决定行为。如何认知和定义品牌,将决定企业的战略方向和营销策略。那么,品牌到底是什么？与品牌化有何不同？品牌到底如何解读才能对企业有实际帮助？请继续阅读。

第二节　区分品牌与品牌化

每一个人对品牌都有不同的理解。

我们要对品牌这个概念拆开理解,具体化认知,这样再小的企业都可以开始做品牌。

品牌是什么？品牌化又是什么？

品牌是资产;品牌化是工具。

品牌是战略;品牌化是战术。

品牌是结果;品牌化是过程。

品牌是故事;品牌化是脚本。

品牌是文化;品牌化是载体。

品牌是方向;品牌化是起点。

品牌是长期的;品牌化是阶段的。

品牌是未来的;品牌化是当下的。

品牌是无形的;品牌化是可视的。

品牌是军功章;品牌化是刀剑枪。

品牌是摩天楼,品牌化是添砖瓦。

我们可以将品牌理解成与日常营销和销售相关的事情。不具备品牌思维做营销和销售,永远没办法跳出低维竞争。加持了品牌思维来做营销和销售,会变得与众不同。

第三节　品牌是一把锁

为什么说品牌是一把锁？我们需要锁住什么呢？

很多外贸企业会遇到这样的问题。比如业务员离职带走客户怎么办？

很多企业的做法就是掌控关键信息和关键人,比如成本价,关键供应商,大客户,以确保安全。其次加强管理,优化薪酬制度,尽量留人。这样的方式可能造成企业精力牵扯过多,利润降低,严重影响了企业的发展,所以,规模很难做大。

如果,品牌是一把锁,对于传统代工型的外贸制造业来说,首先要锁定客户,其次要锁定员工。接下来,我们拆解下,这把锁如何锁定客户和锁定员工？

试想,客户在销售某个品牌,如果效益很好,客户能轻易放弃这个品牌吗？要知道,一个品牌能卖好,客户在当地一定是付出了很多,好不容易卖得好了,他不会换品牌重新再来一次吧。所以,业绩贡献越大的客户锁得越紧。

优秀员工离职跳槽,很大比例是带着客户跑了。如果客户是卖某个品牌,员工离职,能不能带走客户?员工可以离职,但客户一定带不走。甚至,员工如果要离职,企业还可以将员工发展为品牌合伙人,继续服务企业的客户。

只要有一个好的品牌,就可以实现这个锁的功能。这里,大家可以思考,为什么很多传统外贸销售公司没办法规模化?如果它们有自己的品牌呢?是否可以实现规模化?后面我们将研究可行性的具体做法。

第四节　品牌是升维工具

品牌可以拉高销售维度。

高举才能高打,高举也可以中打、低打。但低举只能低打。

我们先看几个关键词"品牌""营销""销售",你判断一下哪个关键词的维度更高?毋庸置疑,"品牌"最高。通常,我们要制定策略和说辞的时候,需要先制定整体的"品牌战略",进而制定"营销策略",最后制定"销售方案",需要自上而下地厘清逻辑,完成从理念到工具的过程。反之,到了策略执行阶段,我们要从销售到营销到品牌,一步一步自下而上地落实工作,逐步完成销售目标,并朝品牌战略方向推进。

了解了这个维度分层逻辑,当遇到销售问题的时候,我们是从销售本身来思考,还是从更高一阶的维度来思考找出解决方案,就有了更多思考方法。

从销售升维角度思考,我们为什么要做品牌?

这时候企业会关注品牌如何影响销售,提升业绩。对于大部分的中小微外贸企业来说,如果没有当下的好处,只谈五年、十年后的品牌价值,大家就会无从下手,只能把品牌束之高阁。

"品牌是企业的无形资产,我们都懂,也想做,但现在不能做"是很多外贸企业管理者的真实想法。我经常告诉企业管理者"不是现在不能做,而是你没有思考清楚品牌能解决当下哪些问题"。

品牌是升维工具,是为销售增加业绩、提高利润的工具。企业管理者认知能到这一层,就会毫不犹豫地开始品牌化之路。

有些外贸企业管理者这么说:"我们现在主要是工厂代工模式,后面我们还是想转型做品牌。"做品牌是未来的一个转型方向?我告诉他们这一说法不够实用。这样的思考方式会影响企业的决策和落实路径。因为这些企业管理者对品牌的认知是遥远的和触不可及的,是超越自身现实条件和能力的。这就是认知对企业创新的错误影响。

企业升级再转型,而不是转型再升级

企业管理者认知上先升维,企业的组织能力上先升级,通过升级促进转型,稳中求进。

中国目前的外贸企业大部分还是 OEM (original equipment manufacturer)代工模式,加工生产是本质。而未来的外贸企业一定是品牌化路线,加工价值会变得越来越小。目前的关键在于,中小企业如何正确认知品牌,并找出着眼当下、放眼未来的可行性路径。

我在这里希望给更多中小外贸企业管理者传递一个信息,创新从来不是空中楼阁,而是基于企业现实条件,并充分理解行业发展规律,把握未来竞争趋势后,找出适合企业自身当下的方向和路径。

第五节 品牌是竞争工具

营销中最好的竞争策略就是无法对比。

如果企业的产品很难与同行做出差异化,那就在营销与销售模式上想想办法吧。

为什么说品牌是差异化的工具?

首先,目前外贸工厂面对内卷的产品同质化和价格战的时候,已经很难找出破局的对策了。而打破价格战最好的方式就是差异化,也就是我们所说的"人无我有、人有我优、人优我异,人异我新"。

产品竞争到一定程度,很难在产品本身做出差异化的时候,我们可以考虑营销差异化。比如,竞争对手没有品牌的时候,企业打造一个品牌更容易被认可。别人卖产品的时候,我们做全球招商找合作伙伴,这也是差异化。

销售端的竞争,我通常的做法是跳出销售来看销售。试想下,如果没有订单,那怎么推广可以获得更多询盘?怎么调整说辞来吸引客户?可是,这些常规性的销售优化工作虽然有时候也能解决一些问题,但很难破局,从根本上解决问题。

当企业和竞争对手在一个维度上竞争时,无论怎么调整,都很难绝对胜出。所以,从销售维度升级到营销维度甚至品牌维度,再反向设计谈判逻辑、销售策略等,才是相对长久的逻辑,因为这样做,企业会从根本上规避掉一些无效竞争。

假定下面一个场景。

当所有的竞争对手都在说我们是源头厂家的时候,企业可以说:"我们是××品牌,我们拥有自己的工厂以及业内多家配套工厂。"这样既能体现源头厂家的优势,又表达出了企业是一个有前景的公司。这种信息的传递是否不同呢?

如何让企业树立品牌,网络营销一定要遵循扬长避短的原则,呈现企业的优势有很多细节做法,包括广告图片、文案,我们以后再详细讲解品牌化具体的做法。

第六节 品牌是业绩工具

"时间就是金钱,效率就是生命。"这是深圳开荒精神。

继续沿着如何做好外贸销售来思考品牌的运用。为什么品牌是效率工具?

面对没有包装的商品和有包装的商品,消费者会如何选择?面对没有品牌的商品和有品牌的商品,消费者又会如何选择?答案显而易见。品牌无疑会给消费者更多安全感,这种信任会加速消费者的购买决策,提升产品销售效率(或者说降低了企业的营销成本)。

我不鼓励中小微外贸企业去直接做一个 C 端品牌。因为那是漫长的路。我鼓励大家去做一个基于行业的 B 端品牌,帮助 B 端客户转化来提升销售转化率。

B 端品牌和 C 端品牌有什么区别?

C 端,也就是我们说的消费者,即终端用户,大部分是非专业的人群。而B端客户几乎都是专业人群。针对非专业的消费群体做品牌，培育成本很高，同时，大家对一个品牌的认知维度区别很大。有人喜欢产品颜值，有人喜欢产品品质，有人喜欢品牌故事和文化等，主要围绕有形产品和无形品牌做购买决策。而B端客户看重的是企业的产品力、研发力、创新力、服务力、利润力等。C端是买一个东西；B端是找一个合作伙伴做生意。

外贸工厂应面向B端客户，所以，做B端品牌，研究B端客户的需求和痛点是核心。C端的品牌谁来做呢？让企业的代理商们去做，一层一层地传递。

做成一个行业内的名牌，可以提升客户转化效率。比如，阿里SKA(super key account,高级重点商家)，如果询盘转化率提升一半，那业绩可能会提升几倍。

第七节　品牌是利润工具

卖产品赚钱,快速卖产品赚更多的钱。

产品差价产生利润,品牌溢价提升利润。品牌信赖提高成交效率,降低转化成本,从而增加利润。

品牌为什么可以提高利润呢?

首先我们说利润来自哪里?有人说产品差价产生利润,这可能答对了一半。我觉得还有一半是销售效率。什么是销售效率呢?

举例,一个客户找到小王,小王花了一年时间跟进,客户终于下单了,这个订单按照产品差价可以赚 10 万块钱。同样,一个客户找到小李,小李一个月时间跟进,客户下单也是赚了 10 万。这个时候,你觉得这 2 个客户的订单利润相同吗?答案肯定是不同的,因为成单的转化效率不同,所投入的时间成本和人工成本是不同的。小王一年 1 单赚 10 万,而小李一个月 1 单赚 10 万,一年可以赚120万,小李的效率是小王的12倍。

那么,是什么在影响利润呢?

同质化竞争影响利润!

产品同质化的竞争环境下,你的报价很难提高。提高报价最简单和低成本的操作方式就是差异化,也就是无法对比。

假如客户来找小王,小王上来就说:"我发一个产品目录和报价单给你参考下。"而小李说:"我们希望与你共同打造一个品牌,一起赚钱。"面对这两种方式,客户的认知和反应会是怎样的?简单地说,小王和客户之间是甲乙方的买卖关系,天生对立。而小李倾向于和客户成为伙伴关系,一起赚钱。对立角色,只关注当下,属于零和博弈的关系;而伙伴角色,关注未来,属于双赢的关系。

规模化能力影响利润。

一旦客户接受企业的品牌,企业的利润也就有了保障。对于很多产品来说,消费者端存在复购的机会,消费者对品牌认可了,那么市场会推动消费者下单。同时,当企业品牌具备了一定的客户基础后,企业可以增加新品,合伙人很容易推荐给消费者,销售效率大大提高。

所以,在讲到利润的时候,我们通常需要在一个返单周期上来核算,或者从客户开发成本和客户复用成本上来核算。做好品牌,提升利润。

第八节　品牌是招商工具

品牌是"远期支票",招商是"现金流"。

如果说做品牌是一个长期持续的过程,那么,当企业理解了品牌是招商工具之后,企业就可以展示品牌能量,并完成变现。基于品牌招商的模式,就是一个创新点。

有了自己的品牌,就可以招商。有人说,我没有品牌,怎么招商,没人相信我。大家可以思考下面两个问题。

如果你是一个知名品牌,招商吸引的是哪类人群?

如果你是一个无名商标,招商吸引的是哪类人群?

品牌化全球招商的底层逻辑是共同做市场的合伙人互补逻辑,而不是强势品牌的代理赋能逻辑。大家看惯了大品牌招商的案例,认为招商就是要品牌很强,才有人跟你干。实际上,对于工厂来说,只要能保障很好的产品质量,你就可以招商。

这里一个很关键的认知是,你找的合伙人的实力并不需要比你弱。你只要保障输出好的产品,那些在国外的渠道公司就有可能跟你合作。

第二个很重要的认知是,招商要保证合伙人的利润空间,企业只要保持产品利润即可,品牌不存在溢价。这样,你的伙伴拿到足够的利润,就会拼命去销售的。当然,具体的市场政策可以不断优化。比如对赌机制,当你的合伙人销售业绩达到多少,这个品牌的当地所有权,给他一部分。通过共享品牌价值来激励合伙人持续做市场。说不定,企业的品牌被大企业看中直接收购,那创业者可以坐收红利。

所以,招商是认知的问题。企业对招商的理解越透彻,就越能发挥品牌在招商过程中的价值。

第九节　品牌是裂变工具

裂变让业绩快速规模化,而品牌让裂变具有灵魂。

举一个例子,我曾经做家具的招商。我的代理商主动跟我提出,是否可以提供枕头和床。于是,我就找了做枕头的工厂和做床的工厂来贴我的品牌,然后给代理商销售。为什么客户会主动提出这个需求,而不是自己去寻找枕头供应商和床的供应商呢?

如果客户有自己的品牌,当客户需要枕头或者床的时候,他大概率会自己去找供应商。但因为客户代理我的品牌,客户的心理认知就是品牌必须统一,同一品牌的家具,配同一品牌的床和枕头。品牌是我的,他没办法跳过我去单独联系工厂。

品牌锁定了企业的合伙人。合伙人会从消费者角度考虑如何赚钱。此时,合伙人会主动给企业提出需求。这个时候,企业只要能够保质、保量、准时地帮助客户推动品牌的发展,就可以获得足够的订单。

　　因为品牌,实现了产品裂变。每一个产品都是一个销售增长点,最终实现了产品到品类的裂变、销售业绩规模化裂变,甚至外贸团队的组织裂变。这样就破解了外贸企业销售规模难以做大的问题。

第十节　品牌是转型工具

种一棵树最好的时间就是现在！品牌之树从现在开始种吧。

企业转型路径五花八门，但有两点是确定的：一是要选一个方向；二是要定一个起点。

为什么说品牌是转型工具呢？

因为，品牌从长远看可以是一个转型方向；从短期看，品牌化又可以作为一个提升销售能力的起点。当企业已经树立一个品牌，一定可以享受到品牌给企业带来的好处。所以品牌化要成为企业转型的一个起点。

什么是品牌化？我们前面已经谈过，先让自己的产品看上去像个品牌，换个 Logo，换个包装，换个展示风格，换套文案、升级传播素材，可以打造品牌形象，从成本投入来说，这非常适合作为转型的起点。

良性的转型从来不是一蹴而就的。企业应该从现在开始用品牌意识来升级战略、模式、组织能力和经营理念。先升级而后转型,以战养战,不断精进,逐步完成品牌的目标和梦想。

第十一节　品牌是增值与融资工具

好项目的2个标准:"当下能赚钱,未来会值钱。"

我评估项目的时候通常会用这个简单的逻辑做指导思想。"当下能赚钱"代表这个项目的生存能力很强。"未来会值钱"代表项目可以沉淀价值。

这一章关于品牌的定义,我相信读者应该有了答案。没错,企业如何把品牌和营销关联起来,是迫切需要梳理清楚的事情。

品牌是融资工具。品牌在储备了一定的价值能量后,也就具备了这个支点的功能。因为品牌是企业的资产。品牌价值可以通过粉丝户、用户数、成交额、曝光量、互动数等基础数据量化指标来衡量。此时,企业也就具备了品牌资产的增值和融资能力。

第十二节　从品牌化到品牌的四个阶段

从品牌化到品牌要经历四个阶段。

1. 我要做品牌

首先你要大声地喊出来：我要做品牌。这一点对于很多企业来说是个巨大的心理挑战和认知挑战。如果说一个企业管理者对外宣称要做品牌了，这一定是一个非常重大的事情。如果企业管理者没有想清楚和做好准备，是不敢轻易讲出来的。当作品牌可以低成本甚至零成本启动，并能够对企业的外贸业务起到帮助作用，你会不会考虑先启动起来呢？

喊出来，客户就来了。

我前面复盘的时候，讲述了做家具的案例。我成功吸引到了非洲的大客户。试想，如果我们当初不敢说要在非洲推广品牌，那么怎么可能吸引到非洲的大代理商跟我们一起发展呢？这就是吸引力法则，喊出来，企业的能量场就会发生变化,要知道不同的能量释放一定会影响同频的人。如果企业的业务员每天释放的都是"我们价格最低",那么吸引到的一定是为低价而来的客户。这是企业想要的效果吗?

2. 我像个品牌

全球市场很大,每个国家的发展层次不同。目前中国制造的国际影响力已经很强,尤其是对于新兴市场(如非洲、印度、中东、东南亚、拉丁美洲等),中国制造的产品被贴上了高科技的标签。

如果你的客户是新兴市场,企业只要树立品牌形象,然后告诉客户,希望和客户一起合作推进这个品牌。看着像个品牌,就是做好形象设计,我想这个投入成本每个小企业都可以承担。

3. 借力做名牌

全球这么多公司,想成为一个全球品牌很难。那么,如何借力做品牌?按照前面说的,当你能成功吸引到本地代理商的时候,你就已经开始借力了。你的本地代理商很有可能在当地拥有广泛且雄厚的实力,借助它的力量,你不用花一分钱,只要在品牌化和产品力上做好支持和赋能,市场和销售就交给他完成。如果这样的代理商你可以开拓100个,1000个,借助他们的力量,多卖产品,你的品牌很快就能变成知名商标。

4. 真正做品牌

当企业完成了第三步的时候,企业整体格局已经发生了质的变化。企业已经从代工厂,变成了在全球不同国家拥有众多代理商网络的知名品牌。此时,企业已经通过代理商的力量推动了品牌的传播和产品销售工作。企业也通过代理商获取了更多客户需求的反馈。这时候,企业的品牌已经积聚了很强的势能，也成为一个无形的资产，接下来企业需要真正做一些品牌该做的事情了。成立品牌部，请专业人才来建立品牌体系，规范未来的发展计划。

认清"品牌化"和"品牌"的区别，轻松开启第一步，才是最为关键和必要的。很多人谈品牌的时候滔滔不绝，但要实际操作时就无声了。通过本书，我希望读者能清晰地知道如何通过"品牌化"来开启品牌战略的第一步。

CHAPTER
第五章
拆解招商逻辑

只要有商标,没有品牌一样可以做全球招商!品牌化全球招商是一个以产品力为支点,借力全球渠道杠杆,撬动并建立品牌势能的过程!这一模式最大的优点是向下兼容OEM/ODM代工模式,向上成功可以形成品牌价值和渠道价值。最重要的是,全球招商是中小外贸企业做品牌的唯一窗口机会。

——王红亮

第一节 没有品牌,能不能招商?

很明确地说,没有品牌一样可以招商。

有品牌招商,招募的对象更关注你的品牌影响力、品牌对市场的驱动力。

没品牌招商,招募的对象会更关注你的产品力和利润空间。

不同的合作伙伴,他们的诉求不同,在当地国家的资源和能力是不同的,他们对于合作的匹配模型也不同。

举例:我以前家具的非洲代理商,是当地四大家具集团之一的供货商,本身就具备了非常成熟和稳定的销售渠道,他需要的合作伙伴最好是一个新品牌,这样他可以充分发挥渠道资源优势,快速推动品牌的发展。同时,在这种关系中,我给他的利润丰厚,市场价可以由他来制定。

比较成熟的品牌,或者希望主控渠道的品牌,往往会制定一整套市场政策,然后限制代理商的销售价格,预留少量销售利润给代理。这样,代理商是不太可能全力以赴的,因为利润太低。

所以说,哪怕你只有一个商标,其实就可以开始做全球招商。

第二节　拿品牌做招商,还是通过招商做品牌?

大多数外贸老板都认为做全球招商的前提是企业要有一个响当当的品牌。这个逻辑属于鸡与蛋的逻辑,正因为大家有这个认知,所以在行动上就会陷入困境,无从着手。

我在过去的实践中发现,在没有品牌的情况下,只要企业把品牌化的形象做到位,一样可以吸引愿意一起合作的伙伴,而且他们愿意分享资源,来推动品牌发展。同时,对于中小外贸企业来说,通过代理商来推动品牌在目标国家发展的模式是比较匹配中小外贸企业实力和发展阶段的。

在企业发展不同的阶段,招商可以采取不同的策略。这一点需要在发展过程中不断思考。比如,我做的家具项目,在部分国家我采取了直接授权独家代理的策略。而更多的国家则是采取"赛马不相马"的策略。

全球招商不仅仅是战略选择,更是当下营销和销售升级的好策略。

第三节　全球招商模式对企业的战略价值

全球招商作为外贸企业战略选择的意义如下。

(1)全球招商模式是中小外贸企业做品牌的唯一机会。

(2)全球招商累积的代理渠道价值大于OEM代工客户的价值。

(3)全球招商是实现品牌出海本土化最经济、最有扩展空间的模式。

(4)合作伙伴可作为品牌推广节点、销售节点、采购节点、本土化起点。

(5)招商模式的渠道建立起来后,工厂有机会从生产者变身为供应链整合者。

(6)全球招商模式,有利于外贸企业融资、融智,尤其是吸引优秀外贸人才。

第四节　全球招商模式对营销战术的考量

从营销角度考量全球招商模式结论如下。

(1)全球招商模式可以升级企业对外宣传的形象。

(2)全球招商模式可以升级企业跟竞争对手的竞争维度,提升差异化竞争力。

(3)全球招商模式可以提高外贸部门对外的谈判维度,从销售低维拉到品牌招商高维,增强谈判势能,从而提升客户说服力。

(4)全球招商模式可以升级外贸业务部的人员的谈判思维、理念和销售逻辑。

(5)全球招商模式代理商作为海外本土资源节点,大大降低后期营销成本。

(6)全球招商模式,可以筛选出越来越多的代理合伙伙伴。

对于大部分中小外贸企业来说,品牌化战略方向重要,但眼下的问题还是订单业务。所以,单纯思考品牌化战略是不够的。必须还要着眼当下,把战略转化成营销战术,来促进销售。那怎么把战略和战术结合呢?

目前的外贸 OEM 销售过于单薄,缺乏企业的故事和梦想,只有赤裸裸的产品和价格。这个销售打法无疑会把企业带入一个死胡同,毕竟价格没有最低,只有更低。

OEM 模式升级为品牌招商模式

将品牌招商模式作为企业的战略方向,OEM 作为企业当下的业务模式之一。也就是说,做品牌招商,并不是说不做 OEM,反而可以更好地接 OEM 订单,虚实结合,融合推进。通过沉淀品牌招商的客户,逐步改变业务模式,最终沉淀出品牌价值和代理商的渠道价值。

第五节　正确定义全球渠道的伙伴关系

全球招商模式下,企业作为品牌方和渠道伙伴之间的关系如何界定?

这是全球招商模式非常关键的逻辑。一般情况下是品牌赋能代理的逻辑:品牌方为代理商提供品牌宣传支持、产品支持、售后支持,代理商负责销售。这种模式下,品牌方统一制定市场规则、产品定价、代理政策和代理商市场管理制度等。自上而下,成体系有标准有流程的操作思路,在这个逻辑关系下,企业会怎么做?

要制定市场政策,产品定价,企业首先要了解市场,做调研,用户分析,竞品分析等一堆事情,然后制定一个制度,然后花钱在当地做广告宣传品牌,接着招商,考核,对吗?

这一套下来,我相信没有几个中小企业能玩得转。品牌赋能主控市场的逻辑只适合有资本、有实力的大企业,中小外贸企业更多的是借力督导代理的逻辑。

正确的关系逻辑是品牌方与代理商相互助力的逻辑。品牌方只输出产品和品牌化的一套形象体系,推广品牌做销售的动作交给代理商。品牌方只将品牌授权给代理商,而市场政策、产品售价由代理商自行决定,充分挖掘和发挥代理商的本土资源优势和能力。这才是全球招商模式的精髓。

第六节　建立全球品牌代理商私域池

私域流量池(即私域池)建立是外贸企业的必要选项也是重要事项。

什么是私域池？私域池就是企业通过持续的营销所建立的客户池子。那这个私域池怎么体现呢？可以是企业的 Facebook 主页、TikTok 账号、Instagram 账号、Youtube 账号，又或者是自己的独立站会员、App 注册用户等各个社交媒体的用户，都可以称为私域，私域是相对于第三方的平台公域而言的。

私域池的优点简单罗列几个。

(1)从品牌的角度说，私域池建立了品牌和用户之间最为直接的沟通互动的桥梁。

(2)从营销角度说：已经建立的私域池，可以不用花任何广告费，就可以快速抵达用户，便于活动促销、新品推荐等。

(3)从用户的角度,私域池能够直接面对品牌方,会增强用户体验感。

(4)私域池可降低宣传费用,是必不可少的策略。

B2B类企业的私域池更有价值。对于B2B企业来说,如果手上有成百上千个稳定合作的渠道代理商,赚钱会非常轻松。

我的技术合伙人专门做灯具,几年下来积累了3000多个渠道代理商,其中活跃稳定出货的有近1000个。在2022年,他开发了一款奶油云朵风格的灯具,每套699元,可以满足3房2厅的需求,性价比很高。他将此灯具打造成"小白良品",短短一两个月,每个月几万套灯出货,利润非常丰厚。

所以,B类渠道分销商的私域池是非常优质的。因为代理商是代理品牌的,黏性也非常好。如果希望渠道价值最大化,品牌方可以在不同阶段用不同力度来控制渠道。

第七节　厘清传统外贸客户与品牌代理商的区别

两类不同的客户属性,会对企业未来的价值模型产生很大的影响。下面我罗列了 14 条两者之间的属性区别。厘清两者关系,对于我们如何做客户定位至关重要。

(1)传统采购客户是卖他的品牌;品牌代理商是卖你的品牌。

(2)传统采购客户是上帝,要供着;品牌代理商是兄弟甚至小弟。

(3)传统采购客户做大了容易跑;品牌代理商做大了赶不走。

(4)传统采购客户会定金模式下单;品牌代理商会全款模式下单。

(5)传统采购客户关注你的成本;品牌代理商关注你的支持。

(6)传统采购客户喜欢讨价还价;品牌代理商喜欢探讨市场。

(7)传统采购客户让你赚加工费;品牌代理商会愿意付服务费。

(8)传统采购客户爱没事找备胎;品牌代理商会担心你找备胎。

(9)传统采购客户扩品不会找你;品牌代理商扩品百分百找你。

(10)传统采购客户只能让你赚钱;品牌代理商免费帮你推品牌。

(11)传统采购客户帮你提升业绩;品牌代理商帮你创新模式。

(12)传统采购客户只能是你的客户;品牌代理商可以参股变一家。

(13)传统采购客户之间是隔离的;品牌代理商渠道是一盘棋。

(14)传统采购客户只赚钱不溢价;品牌代理商既赚钱还溢价。

传统的外贸客户关系中,中国工厂是代工厂,赚加工费。

代理商关系中,中国外贸企业既是品牌方,也是产品生产方,赚取的是加工费和品牌服务费。

传统外贸客户关系中,工厂相对被动。代理商关系中,由于品牌在自己手上,关系可控度更高一些。

外贸客户对于外贸工厂来说是双方单线联动。代理商体系可以发挥群体优势。一个产品可以影响另一个产品。产品越多,品牌综合影响力越强,所有代理商都会受益,是一个相互加持的过程。

外贸客户很难破解传统外贸的 B2B 模式的被动局面。但代理商的模式有机会促进企业转型,让公司不但赚钱,还具有品牌价值和渠道价值。

第八节　全球招商模式是否影响现有的代工业务？

全球招商模式是否影响现有的代工业务？

答案是不会。

品牌全球招商模式的优点是向下兼容 OEM/ODM 代工模式。

目前工厂外贸企业担忧如果采取品牌模式，老客户可能不接受，同时也担心这个模式如果推进不顺利会影响现在的团队。只有那些具有新思维、没有历史包袱的新企业敢尝试。

品牌全球招商模式的优点在于向下兼容，向上破局。中国制造向品牌化形象升级是未来的趋势。这些成本投入会帮助现有的业务进一步发展。

代工模式下企业的优势和竞争力在于产品研发和制造能力。品牌全球招商模式的优势和竞争力也是以代工模式的优势为核心而升级的模式。在业务推广过程中,遇到坚持代工合作的客户需求,依然可以按照传统代工的业务模式来合作,不但不会对订单业务有影响,反而可以提升客户认知和促进订单业务。关键在于业务人员需要掌握这一套品牌招商的逻辑思维和谈判话术。

第九节 传统 OEM/ODM 工厂,能否做全球招商

外贸工厂一定要做品牌的全球招商。

我一直强调的是品牌全球招商是长远战略,也是当下策略。品牌化全球招商模式是 OEM 代工模式的升级,是传统外贸销售策略的升级,是公司组织能力的升级,不管企业最终能否招募到代理商,这套方法对于企业现在的代工业务也是有促进作用的。

转型是思路,升级是执行。比如未来的转型方向是做品牌,做全球招商,建立自己的代理渠道体系,这是一个长期的战略转型方向,企业管理者首先要论证清楚,这是领导者的认知。然后,企业需要升级品牌形象,升级营销策略,升级销售工具,升级销售方法,升级推广渠道等,持续推动落地,最后完成转型之路。

企业管理者应关注市场和客户需求。只要市场是向上的,客户需求存在,那么企业就需要下决心转型升级,开干!

创新从来都不是容易的事情。因为创新就是做没做过的事情,所以,刚开始会感觉很难。其实,企业管理者只要在认知上想清楚了,就可以通过持续推进找出最适合自己的路子。

第十节 工业机械设备能否做品牌全球招商?

根据我的经验,工业机械设备很适合通过全球招商模式来升级企业模式。

(1)此类的采购客户往往是行业内的专业客户。专业客户更看重产品本身的技术和品质等参数指标。如果企业的产品力够强,那就可以实施品牌化招商的动作。

(2)工业机械设备相对于 C 端品牌更容易打造。传统外贸代工厂多宣传工厂的研发和技术能力,而未来则要宣传自己的品牌、售后服务,以及研发和技术能力。从产品到品牌和服务,企业的优势面需要拓宽,需要从有形的产品向无形的品牌和服务上延伸。而工业机械设备使客户更容易感受到服务价值,做品牌相对容易。

(3)中国的工业机械设备在新兴市场是品牌。目前中国的国际影响力和技术研发实力已经被客户认可,条件是成熟的,做品牌有了很好的基础。

综上,工业品机械设备做品牌全球招商是非常合适的。

第十一节　全球招商营销端需要造一个计划

我一般都是采取低成本的方法,叫"造计划"。什么是"造计划"?

全球招商是一个模式,当你没办法跟客户解释什么是全球招商的模式时,企业需要站在客户的角度上来考虑问题。企业要干什么?企业需要客户做什么?为什么客户要跟企业合作?

"造计划"是低成本的做法。我在这里先假设一个招商目标,将这个目标设置为一个计划。以我曾经策划的"××家具,全球 1000 家代理商发展计划"为例。我要把这个计划弄成一个活动,设计一套政策,然后通过现有平台发布出去,让目标伙伴人群都看得到。有了这个计划,我们就有了一个具体的目标,业务员跟客户谈判,就有了一个沟通点。这就是"造计划"。

这一个计划就是销售人员的谈判思路和工具。很多时候,销售要从营销层面找到目标,提升销售效率。

第十二节　外贸业务员需要具备的招商思维和谈判逻辑

外贸业务员找客户名单、发产品报价单的模式的效率越来越低了,外贸业务员这几年也开始寻求转型。

外贸业务员要具备招商思维和谈判逻辑,需要做好以下三点。

(1)尝试转换自己的身份角色;从销售角色转换为招商角色。从卖产品转换成寻找合作伙伴,帮助伙伴卖产品。角色的转化会自然带动自己的思考。

(2)要充分理解品牌全球招商的核心精神,对品牌和招商都有充分的认知。

(3)要不断通过跟客户沟通形成企业的商业逻辑。

除了业务员需要"转换角色、改变认知、形成逻辑"外,企业需要做什么事情帮助业务员加速转换呢?

(1)围绕业务员身份角色转换,从公司层面,重新定义业务部,比如外贸业务部改为外贸招商部;业务员改为招商专员。

(2)企业管理者在外贸战略规划上,同员工梳理清楚公司的战略,同时拆解品牌全球招商的落实计划。

(3)做好日常工作协助、检查、复盘、不断完善业务员的认知逻辑和谈判说辞。

做好这三个步骤,业务员的思维通过大量的训练,假以时日,就可以成为一个招商谈判的高手。

当然,业务员除了思想和思维破局,需要结合上一节所讲的招商计划来完善销售工具和销售说辞。同时,企业应给予扶持政策。

第十三节　这几项全球招商准备工作要落实

外贸企业要考虑清楚,企业做哪些事情可以吸引到代理商的加盟。

(1)产品力是最为基本也是最为核心的输出能力。只要企业能为代理商提供有竞争力的产品,那么就已经有了八成的把握可以招到代理商。

(2)树立企业品牌,也就是持续不断地优化企业品牌形象,注入品牌故事。

(3)产品不断迭代,延伸扩展的能力。无论是技术驱动,还是设计驱动,企业能够为代理商提供产品更新换代的支持和保障。

(4)企业为代理商提供一些力所能及的销售支持。比如代理商店面需要一些宣传海报,企业可以帮他们设计好。代理商做活动,企业可以提供一些小礼品等。

(5)提升售后服务,让代理商没有后顾之忧。

(6)对于电商卖家,企业可以提供海外仓本地发货、买家对产品的反馈数据等。

(7)对于线上营销能力强的企业,企业可以提供线上广告投放服务。

总之,企业合理挖掘资源,不断沉淀更多能力,持续为代理商输出是基本原则。同时,充分利用代理商在当地的资源和他们的能力,共同探讨一些切实可行的市场营销策略。

CHAPTER

第六章
营销推广渠道

对于正在做外贸的企业来说,无须刻意增加推广方式,只需要利用好现有的推广渠道,就可以开启全球招商模式。

——王红亮

第一节　全球招商的推广渠道有哪些？

全球招商的推广渠道非常丰富,我在这里给出下列获取推广渠道的方式。

(1)B2B贸易类平台。这一类是我们中国外贸企业用得最多的,比如阿里国际站、环球资源、敦煌网、中国制造网等。这些平台做的是跨境推广,所以对于中国外贸客户是有保障的,流量和效果方面要根据企业的情况来判定。

(2)全球性的社交媒体。这一类平台以谷歌、Facebook、Twitter、Instagram、TikTok、YouTube等为代表,在全球各地区都有覆盖。目前社交媒体的账号管理风险比较大,内容营销的要求也很高,需要专业的人来操作。或者寻找一些技术驱动的公司合作。高质量内容驱动适合品牌化运营的模式,可以沉淀较大价值。技术派驱动更适合玩流量的做法,核心就是看流量最终能否变现。

(3)外国的推广平台。这一类平台还没有实现国际化,更多是在本地国家发展并拥有比较好的知名度和流量基础。比如 LINE Messenger 是日本最受欢迎的即时通信软件,有超过 8400 万用户; Naver Band 则是韩国最受欢迎的社交媒体平台。这类平台账号的注册往往需要本地的手机号、邮箱甚至公司资质,如果企业拥有这样的资质,就可以注册,然后进行推广。

(4)传统线下的推广渠道,比如各种大型展会。

(5)品牌推广机构帮助企业开展线下商超渠道的推荐和维护管理。

第二节　阿里国际平台适合做品牌招商吗？

阿里国际是否适合做招商？我的答案是适合。

2020年,我开通了阿里国际的金品诚企会员。当初,大家对阿里国际的认知是什么呢？来阿里国际找供应商的客户基本都是贴牌代工的客户,我当初跟业务员讲了阿里国际的两个变化和我的判断。

(1)阿里国际站内的广告里鼎展类品牌型广告不断在推出。这说明什么？我的理解是基于B端的品牌化打造是一个趋势。但大部分阿里国际商家的形象打造得还不够好,还比较模板化、同质化,而不是品牌化、个性化。这对我来说就是一个超越对手的机会,一个跟其他竞争对手不同、脱颖而出的差异化竞争的机会。但当时阿里国际的大部分客户并没有把这个广告当作机会,而是当作一个平台圈钱的事情,抱怨者居多,这其中的根源还是企业对公司战略和营销策略的方向不清楚,对平台各种流量工具的理解不透彻导致的认知错位。

(2)阿里国际的RTS频道。RTS频道代表了一个国外采购商的发展趋势。从大B客户变为小B客户,从批量采购的大单变成小批量多频次的小单。试想小B客户怎么可能自己做品牌呢?同时,大品牌谁会在意这样的小B客户呢?这些变化对中国供应商来说是机会,但需要做出角色改变。小B客户如果数量足够大,形成私域,每一家的采购量加起来也不少。关键是如何充分认识小B客户的属性。小B客户对价格敏感度弱一些,这样自己的利润也高一些,而且基本不会出现账期跑单,同时,小B客户还愿意去帮企业推广品牌,省了品牌营销费用。当然,企业要迎合小B客户需求,也需要对自身的组织能力做出调整。

其实,这其中还有另一个逻辑,一开始的小单,下单主体未必是没有实力的小客户,客户可能是一家很优秀的公司,但只是在拓展品类的初始阶段,因此会呈现小B客户的特点。

以上这2点是阿里国际平台相对影响比较深远的变化。一个是从供应商角度出发更加凸显品牌;一个是从采购商角度出发对小B客户更加友好。

然后我们做一个判断:如果企业能把产品供应链设计得更加灵活,产品品牌形象做得更好,一定可以吸引到一批小B客户,这样招商就很容易启动。之后,通过逐步培养和挖掘小B客户的潜力,培养出优质稳定的中坚客户。运气好的话,这其中就已经蕴藏着大客户。

第三节 如何通过品牌独立站与谷歌做好招商？

品牌独立站与谷歌是个比较好的搭配，那么如何来搭配和布局，策略上会很多选择。我这里提出几个策略供参考。

(1)做专、做深、做透策略。如果企业属于一个相对比较专业的行业，那么企业可以搭建一个品牌独立站，不断持续输出专业的内容来更新网站，让企业的网站成为行业内专业人士学习知识的一个基地。通过把内容做专、做深、做透，奠定企业的行业专家形象。这类网站因为拥有大量专业垂直的内容，往往可以获得很好的谷歌排名和免费的谷歌流量。其实，做好一个专深透的内容网站，企业可以获得所有搜索引擎的免费流量。这种内容驱动的策略要求企业配备一个专业的内容写手做保障。

(2)SEO优化策略。在企业决定搭建一个网站并通过 SEO 策略来实现流量获取的时候，企业首先就需要一个 SEO 专业人员，在网站建设之初就对网站做 SEO 方面的规划，使网站基本架构和代码符合谷歌的排名算法。网站搭建完成后，SEO 工程师主要按照谷歌的排名规则，来更新维护网站，最后实现产品关键词的靠前排名，得到谷歌 SEO 免费流量。SEO 策略需要企业配备专业的 SEO 工程师做保障。SEO 策略与第（1）点的内容策略是同步的，好的原创内容是 SEO 的保障。

(3) 付费广告策略。付费广告策略需要企业配备一名广告投手来保障广告费花得有效果。谷歌广告账号是一个很强大的智能机器算法，它一开始并不能很好地了解企业的目标客户画像，它需要一段时间不断完善算法使它变得更聪明、更懂你。这一过程需要专业的广告投手不断优化账号指标来完成。同时，付费广告需要一个转化率高的着陆页来实现线索获取，这个页面的策划非常关键，页面不断优化变得更好也有一个过程。

(4) 多网站策略。基于前面三个策略，企业可以进一步衍生出新的规模化策略。比如 SEO 策略效果好，那么企业可以把这个策略复制成 5 个队伍，这样企业就拥有了 5 个网站。首先每一个网站都是一个流量获取的节点，同时，这个策略最为重要的是谷歌排位的抢占数量。如果企业只有一个网站，最多只能抢占一个位置。那么其他位置就是竞争对手的。多网站策略让企业有机会实现首页排名，这就是流量封锁，让客户全覆盖。

如果企业没有专人来操作社媒平台，又想使用独立站获客，可以考虑阿里巴巴 OKKI 独立站解决方案，OKKI 平台直接打通了 Facebook

与 Google 账户,客户只要充值广告费就可以智能投放,大账户还可以获得阿里专人投放。我觉得最大的好处是企业无须再开社媒账号,规避了社媒账户安全风险。

第四节 如何借助线下展会做好品牌招商？

招商从本质上来说是我们对市场模式的升级。我们该如何利用线下展会讲好品牌故事，讲好招商合作的故事呢？需要我们重新定位线下展会角色和展会功能。

传统工厂的展会更多展现的是工厂实力和产品设计、技术、使用场景等，那么，全球招商需要在以往的基础上，增加更多展现元素，如品牌故事、品牌形象、品牌全球规划、招商政策、合作模式等。过去的合作基于产品采购的订单模式；全球招商模式下，合作变成了"品牌授权＋订单模式"，多了一个品牌授权。那么品牌如何授权，这里面有一些工作需要细化。

总之，无论线下展会也好，线上推广也好，但凡能接触客户的窗口，我们在拟定了品牌全球招商的战略和策略以后，都需要重新对其定位并升级展示方式，以促进意向客户的合作思路转化。

第五节 如何利用 TikTok 海外红人做好品牌招商？

海外红人品牌宣传策略是品牌出海外贸企业常用的策略。目前的海外红人经过 Facebook 和 YouTube 上的沉淀,已经形成了不同产品类目的垂直达人。达人拥有自己的粉丝群,在粉丝当中拥有较高的影响力和导向作用,同时,也具备获取更多流量品牌曝光的能力。

对于有条件的企业,适当增加预算,与一些网红达人长期合作,提升品牌和产品在目标消费者人群中的影响力。网红达人除了可以帮企业宣传品牌和产品,也可以集中发布品牌活动,快速抵达消费者,帮助企业本地代理商预热市场,促进销售转换。

对于预算不足的企业来说,可以注册多个 TikTok 账号,建立垂直的品牌和产品宣传矩阵,经过一段时间积累后,可以沉淀粉丝群和影响力,而且成本极低。曾有一个公司在 TikTok 上发布了一个作品,3 天播放量破了2000多万,一周播放量突破6000万,涨粉几十万。这种播放量和传播,如果换算成广告费用,估计没有几个中小外贸企业可以承担得起。

任何方式都有它的属性。不同行业和产品类目,需要具体分析是否适合网红方式。

总的来说,海外社媒在快速发展,消费者通过社媒接触了解一个供应商、一个品牌的习惯会越来越成熟。中国外贸企业品牌之路,靠社媒助力,是快速打造品牌影响力的渠道,要特别重视。

CHAPTER

第七章
布局落地之"天龙八步"

我们已从认知和逻辑拆解了传统外贸行业的发展趋势和跨境电商得以高速成长的逻辑,本章我将重点讲解品牌全球招商如何布局和执行策略。

这一章,我拟定了8节课来完成全球招商模式。

第一节 定调——招商立项定调

"全球招商"项目一旦要落实,那么,企业首先要做一个立项定调。

"全球招商"定调从企业未来发展角度可一般分为战略级定调和战术级定调。

"全球招商"定调从面对群体上可分为公司内部定调和外部市场定调。

1. 厘清战略级定调和战术级定调

战略级定调,是把全球招商作为企业未来发展的战略考量,需要从"模式重构、组织变革、市场升级、客户淘换、产品定义"出发,对企业影响深远。做成了,会深度提升企业价值,重塑企业行业地位;失败了,会对企业造成巨大伤害。

战术级定调,将全球招商界定到"市场销售"策略考量,来进行导入。简单地说,就是从换销售模式和销售思路开始,在不改变和不影响原有业务基本盘的基础上,进行轻度试错。如果反馈好,则可加大力度,反之,也不会影响现有业务。对于,大部分中小外贸企业来说,把全球招商定调为战术级市场销售策略,是切实可行的低成本、低风险的试错模式。我推荐每一家外贸企业都尝试。

2. 拆解内部定调和外部市场定调

内部定调,是指在整个公司内部、小团队内部进行的定调。这个范围和力度取决于企业采取战略级定位还是战术级定位。

外部定调,是指在公司之外的行业范围内进行的定调。对于行业龙头企业来说,战略模式的调整会对行业产生影响,尤其是对上下游合作伙伴产生影响。对于中小外贸企业来说,一般情况下对合作伙伴影响不大。

如果企业采取战略级定位,那么,企业就应该在公司层面举旗,告知全体员工未来的战略方向和具体的规划,进而涉及诸多部门的配合而产生工作调整。

战略级定调对内部来说,影响力很大,如果部门团队和骨干不能准确领悟公司战略意图甚至错误理解意图,会对项目推进大打折扣。

如果企业采取战术级定位,那么,企业就只需要在外贸部和销售团队举旗,告知全体员工公司的市场战略和销售策略。涉及面相对较少,涉及的人员也少,一般通过几次沟通会就可以达到比较好的领会效果。

3. 调不明,不启动

如果调性没有明确,那么企业是不可以轻易操作的。因为,全球招商即便按照销售策略级来定调,依然会涉及销售过程中所需要的诸多事项,比如客户定位、推广素材、销售思路、销售说辞、招商规则、定价策略、授权办法、知识产权等细节。只有定调清晰,相关执行者才能进一步落实具体工作。

第二节 举旗——品牌大旗举高高

品牌全球招商的第二步是举旗。

既然企业要做品牌,那么首先要把做品牌的旗帜树立起来,并宣传出去。这分为内部举旗和市场举旗。内部举旗主要是组建团队,公司内部立项过程中的一个环节。这里主要讲市场举旗。

1. 如何举高品牌的大旗?

举旗是一个立竿见影的提升营销竞争维度的策略。

我做家具全球招商的时候制定了一个全球品牌化的招商计划,计划标题为"××品牌全球1000代理商合作计划",这个计划作为一面大旗树立起来。有了这面旗子,我就相当于有了一个目标、一个事件、一个活动、一个说辞。后面很多细化的工作都可以围绕这面旗帜展开。如果企业要做某一个特定目标国家的市场,一样也可以采取这个模板。比如制定一个"××品牌美国

100代理商合作计划"。

做品牌这件事情本身是比较难描述清楚的。当客户问企业在做什么,企业说我在做品牌,这是一个抽象的表述。制定一个计划是做品牌低成本且立竿见影拉升维度的策略。当企业制定了这样一个计划,并告诉客户时,会迅速让客户感受到力量。

2. 大声喊出来"我要做品牌!"

当企业制定好一个计划,举旗动作完成后,需要大声喊出来"我要做品牌"。"我要做什么"和"我能做什么"是两种不同的表达。大部分企业都是表达"我能做什么",就好比劳务市场上"水泥工""瓦工""电工"等。而"我要做什么"就好比用人单位,"我需要什么样的人才"。网络营销也一样,不但要告诉客户企业能做什么,还要告诉客户企业要什么。

我设置好家具的全球1000代理商招募计划后,我将跟客户能够链接的地方均以这个计划来展现。比如阿里国际的店铺、独立站的banner、产品画册和招商手册介绍、业务员与客户沟通的内容等。这样,我让客户知道核心的诉求是什么。我认为高效客户转化的基础就是让客户清楚知道核心诉求,聪明的客户会匹配需求给供应商。

对于内卷严重的行业和OEM模式来说,做品牌这一个动作会让企业与竞争对手拉开差距。也就是我们所说的先提升企业的竞争维度,再来降维打击。对企业不但可以做好贴牌代工这个事情,而且能够做品牌全球招商,说明企业有很强的能力。

如果企业做品牌招商,如果客户想加盟,主动权就在企业手上。客户进入到低维谈判空间。即便客户当下只想通过OEM合作,有了品牌招商计划,客户对企业的认知也会更高。

3. 讲好企业品牌全球化的故事

对于外贸企业来说,在网络营销的展示层面上,更多是企业做了什么、企业有什么、企业能干什么、企业有什么优势等。这些文案是目前99%的企业在用的表述思路。这种表述,我们可以理解为是一种静态表达。

讲好品牌故事,则是讲愿景,是一种动态表达,对未来的表达。就是要描述好企业品牌如何做好全球化的故事。这个故事是未来的,需要和更多伙伴一起创造、一起实现、一起共享机会。这一套的文案创作逻辑将企业和客户的关系拉得更近。任何客户都希望看到的是和自己有关的信息,而不是我不关心的事情,这是客户基本心理。

4. 努力做到看起来像个品牌的样子

打造一个市场化的品牌是一个长期且漫长,同时也是极具不确定性的事情。那么首先应树立品牌,这在操作层面相对容易。这个过程叫作品牌化。

品牌化首先要做好视觉形象和文案。

(1)视觉形象。比如首先我请了一个优秀的设计师来打造品牌形象。从logo设计、画册、官网、阿里国际店铺、名片、每一个产品款式展示效果、每一个广告海报等,品牌形象必须要远超竞争对手的工厂形象。

(2)文案。比如我作为一个贸易商,如何表达出国际化的实力呢?举例如下,样板间要换成品牌展示与产品体验中心,设计打板部门要换成产品研发创新基地,销售部要换成全球招商中心,中国、马来西亚和越南的代工厂换成全球制造中心中国基地、马来西亚基地、越南基地。有一个朋友说这样会不会有点夸张？我的这一套表述就是动态表达,是当企业真正要做品牌时,应该拥有的格局就是这样。

如果说视觉形象设计是一个人的衣装,那么文案就是一个企业的形象。两个都要做到位,才能让品牌更像品牌。做品牌需要不断沉淀。做好视觉设计、写好文案,把品牌表述好,让客户感受到企业的能量,这是企业首要的任务。

第三节 定策——市场策略定规范

品牌作为外贸出海的战略方向,全球招商作为外贸创新的模式,那么具体的策略和落实的规范都需要进一步细化成型。让具体负责人和业务团队在日常工作中落实,逐步推进项目进展。

一、全球招商策略的制定

品牌旗帜举起来后,我们要把招商进一步具体落实到工作中。这里,我们主要是从基于外贸市场部的战术级定调来说具体的策略制定方法。

全球招商策略一:主控模式和借力模式

全球市场是个非常复杂的市场,发展不均,文化和消费诉求各异,品牌的全球化策略在不同地区的实施步骤不可能完全一致。这是基本认知。

品牌全球招商的策略和思路中,至关重要的逻辑有

2个模式：一个是"主控模式"，另一个是"借力模式"。这里我所倡导的是借力模式，也就是 B2B2C 模式。

借力模式是指我们只抓品牌，目标国家的市场拓展和销售相关事宜全部交给代理商。具体做法是"品牌授权＋订单模式"。在目标市场如何宣传、销售、定价、售后等完全由代理商来统一完成，代理商按照常规外贸订单模式下单即可。

借力模式是我力荐的低成本且有效的模式。企业给了代理商足够的权限，企业也有机会充分挖掘代理商在本国本地的营销资源，借助代理商的力量来做品牌营销和产品销售。

主控模式是指公司统一制定市场政策、市场定价、品牌宣传、售后保障体系搭建等，代理商就是一个销售渠道，并且要严格遵守品牌方的市场规范。

主控模式不适合中小外贸企业，因为无论资金实力，还是人才储备，企业都不具备这个操作条件。

借力模式可以扬长避短地来做品牌化全球招商，通过充分挖掘海外代理商的资源、人脉、销售渠道来实现品牌在当地国家的快速推广。

举例说明，我做家具的招商时，非洲的某代理商作为非洲四大家具集团之一的供货商，他有近千个卖场资源、独立站、Facebook 广告等，我们只要借助供货商所拥有的资源和团队，配合他做好品牌形象和产品款式设计研发。这样企业在当地的营销费用是零，宣传的效果却很好，何乐不为呢！

全球招商策略二：赛马不相马

全球是由很多个国家组成的市场，我们要根据产品的市场需求，充分调研目标市场后,确定核心目标国家、次核心目标国家,以及广泛目标国家,针对不同国家采取不同策略。

不同权重等级的目标市场国家,我们需要制定不同的招商策略。最为基础的策略是"赛马不相马"。

很多代理商希望成为当地市场的独家代理商。对于企业来说,企业通过邮件和几个电话的沟通,很难判断哪个代理商能真正打开当地市场。贸然授权独家代理,企业会非常被动。

所以,任何一个国家,尤其是核心市场,坚决采取赛马机制。客户做出成绩了,就给奖励。对于某些未开发的市场来说,如果判断客户确实具备一定的实力,可以尝试性地给独家授权,但切记要做好对赌条款,约定时间周期和对赌业绩。如果完不成,授权可以随时收回。

全球招商策略三:一件代发分销模式与品牌授权订单模式

首先,让我们先看下"一件代发"模式的特点。

(1)一件代发分销模式比较适合 B2C 类的企业。一件代发模式主要是基于小 B 客户的分销制度。小 B 客户可以"零风险、低成本、轻创业"进入合作轨道。

(2)一件代发分销模式符合未来国外渠道发展趋势。一方面,由源头厂家直接供货给小 B 客户,相比于小 B 客户通过大 B 客户拿货分销,可以大大提高小 B 客户的利润空间。另一方面,国外的小 B 客户越来越多,阿里国际 RTS(Ready To Ship)频道就是盯紧了小 B 客户市场,这些客户群单量不足以直接跟厂家下订单合作,如果企业能够作为供应商给予一件代发支持,客户非常乐意合作。

(3)一件代发分销模式要求企业必须要备货到海外仓,可以给予小

B 客户灵活快速发货的支持。对于 B2C 企业来说,在海外仓已经有大量备货的前提下,直接开启一件代发模式,招募分销商,既能补充品牌线下分销渠道,扩大品牌宣传层面,又可以实现海外仓动销效率。一件代发制,对海外仓库存积压的电商公司来说,可以大大降低海外仓备货风险。反之,基于风险考量,B2B 企业则不适合。

我们再来拆解下"品牌授权订单模式"的特点。

(1)品牌授权订单模式是基于 OEM/ODM 订单模式的升级版。在 OEM/ODM 模式下,大 B 客户通过下单给工厂做贴牌生产。品牌授权订单制下,代理商通过给予客户品牌授权后,按照批量采购订单模式下单,不同的是客户销售的是工厂的品牌。

(2)品牌授权订单模式非常适合 B2B 型的外贸企业。但 B 端业务员需要升级自己的谈判逻辑。在 OEM/ODM 模式下,业务员很多只是充当一个报价员、跟单员,属于低维谈判。而品牌全球招商要求招商专员从客户生意模式、市场机会的高度上沟通,属于高维谈判。

(3)品牌授权订单模式非常适合 B2C 类企业。鉴于 B2C 模式对现金流要求高,而 B2B 订单制则是客户付钱下单生产、全款交货。这对于补充 B2C 企业的现金流有很大帮助。同时,订单可以更好地帮助企业稳定供应链,提升供应链谈判筹码。当然,品牌授权订单制的客户往往是线下有一定渠道资源和影响力的大 B 客户,那么,企业品牌可以快速借力进入线下渠道,形成线上与线下的联动,推动品牌全域发展。

全球招商策略四:线上电商卖家与 KOL 分销策略

线上型海外分销商可以分为电商平台卖家与网红 KOL 两个群体。这两个群体大部分只适合 B2C 类电商企业通过一件代发分销模式来合作。前期不适合 B2B 类企业作为主开发合作对象。

海外电商卖家与海外 KOL 的销售渠道主要是电商平台与社交媒体或者直播电商。线上的方式必然要求企业在海外有备货,鉴于风险考量,并不适合 B2B 企业前期的策略。

而对于 B2C 企业来说,客户愿意合作,可以作为企业品牌宣传渠道,并可以提高产品动销率。

全球招商策略五——利润二级火箭模式

利润二级火箭模式是指在现有利润的基础上,再多加一层利润。这样一套模式下来,企业可以赚到双份利润。过去我们电商团队净利润大约是 15%,我通过利润二级火箭模式,可以多赚 5%～10%,综合来看,公司总体利润可以到 20%～25%。

二级火箭模式目前只适合 B2C 类电商企业的全球招商策略。具体做法就是亚马逊运营团队跟全球招商团队内部合作。亚马逊 C 端运营团队作为全球招商团队的供货商,全球招商团队作为 C 端电商团队的全球总分销商。

C 端团队的供货价给到全球招商团队以保证利润。这样一来,全球招商团队无论怎么销售,对 C 端团队来说都有一个利润保证。那么,全球招商团队如何操作呢?

全球招商团队可以寻找下级分销商,然后给予一个供货价并提供一件代发服务。由于是零风险、不压货代理,同时有亚马逊电商平台销售数据做信任背书,下级分销商比如海外独立站卖家、KOL 等是可以接受只有 15% 的利润空间的。

亚马逊佣金为 10%～15%,广告费为 5%～10%,如果我们通过分销渠道来完成销售,这10%～15%的亚马逊佣金可以作为分销代理商的毛利润存在,自己保留5%～10%的广告费作为利润。如果,他在独立站上销售价格,鉴于信息差,还能提高售价5%～10%,那么他的毛利润可以做到15%～25%。

所以,通过这个策略,我们有机会提高公司整体利润。尤其是一些大件、高客单、高毛利润的产品,更是有机会做出更高的毛利润。当然有些产品可能不合适。要具体看,甚至要测试。

二、代理商规范怎么制定?

代理商规范的逻辑很简单。

对于一件代发制下的小B客户分销,企业可以制定规则,如限价、销售要求等。

对于品牌授权订单制,我的做法是不给客户制定过多的规范。我们需要做的就是不断挖掘代理商的潜力,激活代理商的潜力,调动代理商的资源。

举例,企业做OEM代工的时候,只要做好产品和报价,在这个基础上打造品牌,其他的依然交给客户来做主。企业不要干预客户做市场的方法。

企业可以拟定代理商准则,但门槛不宜过高,以保证让更多的客户加入进来。

每一个企业都应该根据自身条件和阶段来制定可行的市场策略。如果企业有足够的预算、很强的本土市场人才以及远程管控代理的能力,当然应该做符合自身的市场政策。

第四节 团队——团队升维工具包

一、品牌全球招商团队组建逻辑

全球招商工作要在企业落实,一个有超强执行力的团队是必要的。那么企业需要什么样的团队配置呢?

(1)我重点给出建议的场景是战术级定调下的团队组建,而非战略级定调的团队组建。当然,有些企业可以从战术级开始,逐步开启战略级。

(2)对于战术级定调下的全球招商,团队如何操作呢?

这里企业可以遵循向下兼容升级原则。基于B2B2C高维模型,无论企业是B2B,还是B2C,采用B2B2C模式是可以兼容的。并且,这个兼容对企业没有影响,这点对于企业升级转型来说至关重要。

组建全球招商团队,核心成员就是B类业务员。缺少流量的企业,需要配置平台运营的推广人员来保障询盘,如果代理商多起来了,需要配置设计师、品牌专员来不断加持品牌形象和品牌赋能能力。

我的团队基本模型由"全球招商经理＋平台运营推广＋设计师"组成。具体来说,我们招募经验丰富的业务员,让他们转型成为市场招商专员。如阿里国际,则需要阿里国际的运营专员;如果是社媒平台,则需要社媒运营专员。

对于大部分中小外贸企业来说,升级转型是最佳路径。进可攻,退可守。对于跨境电商企业也可以组建新的全球招商业务团队。

二、B2B外贸企业如何组建团队?

B2B外贸模式升级为全球招商模式,团队组建可以继续用企业现有的外贸业务团队。

企业需要对现有业务员输入全球招商思维理念,制定工作目标、协助完善招商工具,并立即开展全球招商工作,最大的投入是理解这个模式并贯彻到业务开发过程。

有些外贸企业担心全球招商模式会影响现有的业务,希望重新招人来干这个事情,是否可行?

这个操作相当于从0开始,从团队专业度、网络获客渠道成熟度、跨部门协调流畅度等各方面来讲,周期会更长,也会增加成本。尤其是网络获客的流量不足时,团队要跑通招商开发到订单的整个链路,则需要较长的时间来打磨。反之,如果询盘足够,可以在相对较短的周期内,测试不同版本招商模型,则可以大大提高项目成型效率。

如果企业预算足够,上面这些问题,基本也是可以忽略的。总之,招商策略下的企业落实路径,还是要依据企业自身拥有的条件和资源,来拟定可行方案。

三、B2C 跨境电商企业如何组建团队?

B2C 跨境电商企业采取的全球招商策略会不同于 B2B 企业。

优秀的 B2C 电商型企业,本身已经通过电商平台对特定目标市场做了覆盖,同时,有些重视品牌的电商公司通过电商平台多年的积累,已经拥有了一定数量的粉丝基础,并形成了平台名牌。

同时,海外仓备货是已经投入的成本,B 端分销可以借力。如果是 B2B 企业先备货到海外仓,再通过招商分销,一旦招商不利,则海外仓会产生巨大的损失。而 C 类企业则完全不用担心这个问题。这些特点造成了 B2C 企业走全球招商路线会跟 B2B 完全不同。

B2C 型企业在品牌全球招商路径下,团队需要重新招募 B2B 类的外贸业务员。全球招商模式的市场开发核心是一对一方式下的业务逻辑,需要个人业务能力很强的业务员来完成。这与电商运营人员具备的个人能力是不同的。跟人打交道和跟数据打交道有较大差别,毕竟数据是理性的,而人是感性的,变数很大。

B2C 型企业组建全球招商部应以 B 类业务员为主。具体工作则需要依托 C 端现有资源来设计招商模型。比如海外仓一件代发模式的代理商体系是可以参考的模式,也可以采取 B2B 订单模式来设计招商策略。如果产品合适,还可以考虑直接跟线下商超合作。

四、品牌全球招商团队培训

全球招商团队从头开始,我们大约需要通过 12 个会议来完成:①问询会;②人事会;③启动会;④头脑风暴会;⑤策略会;⑥品牌会;⑦政策会;⑧工具会;⑨话术会;⑩FAQ 会;⑪激励会;⑫专题会。

以上 12 个会议贯穿团队组建、项目启动、团队认知提升、能力建设、工具设计、团队激励等不同环节。每一个会议都是一个培训专题。

这些会议的具体召开方法要依据企业定调和策略的具体方法,来细化会议的目标。

五、品牌全球招商工具包

招商团队前期理解公司战略意图、把握好招商调性后,需要自己打磨出顺手的工具,逐一落实到具体工作中。如果团队能够很好地领悟公司战略意图,根据以下工具目录,团队绝对有能力自行设计出符合企业需求的工具。

品牌全球招商 10 个标配工具

(1)撰写"品牌介绍与全球招商计划"文件。

(2)策划、设计"品牌级(设计感)产品目录册"文件。

(3)制定"全球招商政策方案"文件。

(4)制定"全球代理商支持办法"文件。

(5)制定"代理商产品代理价格对照表"文件。

(6)撰写"开发信模板"文件。

(7)设计"代理商授权证书"模板文件。

(8)撰写"××区域品牌授权合作协议"。

(9)设计业务员名片,可印刷设计稿。

(10)开通招商经理专属手机、手机号、企业邮箱、App、TikTok 社交媒体等资源。

(11)设计品牌 VI 物料系统。

(12)申请全球商标注册证书。

六、全球商标注册

商标注册工作在全球招商工作开始的第一天就应该落实。具体的商标注册数量和注册节奏可以根据企业定调而不同。

对于将全球招商作为战略定调的企业,可以按照目标国家分别注册当地商标,以免后期商标被抢注。企业的品牌名尽量选择能够全球注册的名字。

对于尝试性以策略定调的企业,可以先注册几个核心地区的商标。

(1)中国商标。首先要把英文的中国商标注册下来。

(2)美国商标。

(3)欧盟商标。与欧盟各国国内商标平行运行,互不冲突,不用单独申请各国商标,可以在 27 个欧盟成员国[①]得到法律保护。

(4)非洲知识产权组织。

向非洲知识产权组织提交商标注册申请,商标可以在其 17 个成员

---

① 欧盟成员国包括德国、法国、意大利、比利时、卢森堡、丹麦、瑞典、西班牙、葡萄牙、芬兰、希腊、奥地利、荷兰、爱尔兰、塞浦路斯、捷克、爱沙尼亚、匈牙利、拉脱维亚、立陶宛、马耳他、波兰、斯洛伐克、斯洛文尼亚、罗马尼亚、保加利亚、克罗地亚。

国得到法律保护,由于非洲知识产权组织成员国在商标领域内完全受非洲知识产权组织的约束,没有各自独立的商标制度,所以并不存在逐一国家注册的可能性,只能通过非洲知识产权组织注册。①

(5)马德里商标。马德里商标是目前客户注册最多的商标。申请人只需使用一种语言、递交一份申请、缴纳一份费用就可以在马德里联盟成员国(截至目前有117个国家)领土上保护商标。

关于海外商标注册的具体政策和注册要求,可以联系专业的正规注册机构。

---

① 非洲知识产权组织成员国包括喀麦隆、贝宁、布基纳法索、中非共和国、刚果、乍得、加蓬、几内亚、几内亚比绍、科特迪瓦(象牙海岸)、马里、毛里坦尼亚、尼日尔、塞内加尔、多哥、赤道几内亚、科摩罗。

第五节 推广——公域流量私域导

我们已明确了品牌化全球招商如何定调、如何举旗、如何设定策略、团队组建和工具准备,接下来,企业需要把储备的能量传播出去,吸引客户关注我们,加入我们。

1. 盘点企业正在进行的有效推广渠道资源

全球招商模式本质上是外贸战略与模式的设计,并不解决推广流量的问题。所以,利用好企业当下的推广资源至关重要。利用现有渠道进行全球招商测试,可以快速完善招商系统。如果能够充分利用好现有的渠道资源,边操作边验证,一旦可行,就可以加大力度。

2. 按品牌化全球招商逻辑重新优化推广素材

品牌化全球招商推广展示重心不仅要放在工厂上,而且要注重树立品牌。诉求是招募全球合作伙伴共同来做一个品牌。这个基本的逻辑要展现出来。

传递信息的过程也是一个能量交换的过程,企业将能量传播出去,自然会吸收到反馈,这就是同频共振。

如何借助新的传播引流获客平台,也是企业要重点研究的内容。我给出的建议是充分重视海外社媒,尤其应以短视频和海外直播方式的推广传播。

3. 开始建立企业的私域流量池

私域营销目前在中国已经有一大批成功的案例,最早的例子就是小米手机。目前中国以小红书、抖音、快手、B站等诸多公域社媒起家,进一步引入微信私域的案例太多,数不胜数。国外的私域电商也是未来的趋势。这里可以参考以下三点。

(1)不断积累自己的私域流量池,做域内客户营销转化,是降低营销成本的最优解。公域流量成本越来越高。无论是亚马逊电商平台的广告费用,还是Facebook、Google为代表的社媒平台,又或者国内以阿里国际为代表的平台,广告投放成本都不低,未来也只会越来越高。

(2)新的超级流量平台越来越少。我们知道,流量红利的基本逻辑就是新,比如抖音的流量,相比其他传统媒体还是便宜很多的。目前海外版抖音TikTok处在一个起步阶段。我强烈建议传统外贸企业都要把TikTok用起来。这是部分中国品牌弯道超车的机会。

(3)基于社媒的粉丝私域营销直接高效。品牌粉丝互动直接有效的形式一定是基于互联网的数字化私域营销。尤其是已经建立了私域池的品牌,在有新品上市的时候,私域的营销价值非常明显。私域往往也会是品牌方第一波的营销阵地。

企业可以借鉴以下私域池建设策略。

(1)精耕模式。精耕模式下企业只需要搭建一套私域池账号体系,但要求企业充分重视内容输出能力建设。社媒的传播对内容的要求是比较高的,做得好,聚粉速度会很快。同时,传播内容也是企业品牌化形象输出的一部分。

(2)技术模式。技术模式下企业可以快速搭建多个营销账号的矩阵,通过技术手段操作账号。这种模式对内容的质量要求不高,核心是海量发布、海量触达,以量取胜。

我个人建议是2种方式同步走。精耕模式是必不可少的,这是一个长期的工作,做海外品牌化招商,必须有一个漂亮、内容丰富的官媒,在客户搜索时可以找得到。

技术模式下,通过海量输出内容,定义业务关键词,客户在任何时候搜索相关信息,都有机会找到你的信息,实现询盘截流。最后,从信息账号安全角度考虑,所有的账号都应该由公司统一注册,便于管理。

第六节　谈判——激活代理挖资源

我们这里重点谈下谈判逻辑。这是我做全球招商的重点工作。

企业的品牌在海外拓展,核心是要借力海外合伙人。那么,海外合伙人为什么愿意合作呢?

(1)利益最大化,永远是生意合作谈判的不二法门。

首先,我们要设计一套招商盈利体系,成为代理商能赚多少钱?利润空间有多大?必须要明确向目标客户说明。对于行业内的 B 端客户来说,他们已经在行业内有丰富的经验,在客户拿到样品后,只要企业给出的价格有竞争力,客户自然不会放弃合作的机会。

(2)愿景吸引。

目前中国制造在全球有一定影响力,中国品牌在新兴市场非常受欢迎,比如非洲、东南亚、中东、俄罗斯、南美等。欧美市场也有客户寻求与中国品牌合作,给本国带来的新的市场机会。

95％的客户可能一开始是希望找个工厂加工，最后通过企业的宣传、愿景吸引、利益诱导，他们大部分都愿意尝试接受品牌代理的模式。

(3)视觉呈现！

企业应做好视觉化的品牌形象建设，让客户充分接触到企业已经做了哪些工作来帮助他们发展本地市场。

(4)能量法则！

每个招商人员都应该有足够的能量传递给目标客户。企业举旗、定调就是在打基础，让招商人员充分吸收能量。招商人员如果充分认可公司的品牌化全球招商战略和策略，那么在跟潜在客户谈判时，自然不遗余力，这种互动能量是可以感染客户的。招商专员只有传递了强烈的愿景，才能吸引客户加入。

(5)共同的事业。

如果是和客户一起做，从合伙人的角度出发，合作就容易多了。所以，我一开始就倡导企业充分放权，企业只把握品牌和产品供应链，市场销售所有的权力都下放到代理商。

最后，讲一个案例。广东某一个帐篷外贸工厂，突然接收到一个海外客户寻求合作的信息。因为海外客户认可公司的产品，希望把这个产品带到当地销售。这个海外客户可以通过电视节目推广产品。结果该品牌在当地市场十分火爆。当客户的资源一旦激活，力量超乎你的想象。

品牌化全球招商，就是一个不断通过传递能量、吸引伙伴、激活渠道价值，建立利益与愿景共同体的过程。

第七节 拓品——渠道拓品扩规模

这一节,我们重点探讨如何通过代理渠道来扩大销售规模。

本书重点讲述的是品牌化全球招商1.0阶段的思考与落地步骤。我们已经非常清楚,品牌化全球招商模式1.0阶段帮企业沉淀了2个核心价值。

一是品牌价值;二是渠道价值。

那么,当品牌化全球招商1.0阶段稳定后,2.0阶段还能做什么呢?

2.0阶段的核心工作是拓品,也就是延展供应链,为渠道输出更多产品,以此扩大销售规模,充分利用好"品牌和代理渠道"这2个抓手,实现裂变。

假设,1.0阶段企业已经拥有上百个代理商渠道,这时我们要做下列事情。

(1)新品调研。你可以在业内整合一批新品,通过代理商体系进行调研,反馈好的产品,可以为下一步开拓市场做参考。

(2)新品预售。通过打磨新品和供应链后,给每一位代理商发送样品,测试,并进行订单预售。

(3)不断强化"品牌+渠道+产品供应链"定位,为代理商持续输出新品,保障代理商市场竞争力。客户主动提出的产品需求,要及时响应,一旦通过一个客户跑通产品供应链,后面就可以以此种模式推广给其他代理商。

对于传统外贸企业来说,跳出思维定式是有难度的。但如果企业实现了全球招商模式 1.0 阶段的成功,就可以轻松进化到 2.0 阶段,从过去的"自产自销模式",发展到"品牌+渠道+供应链"的模式。

第八节 迭代——模式升级价值高

如果说品牌化全球招商1.0帮助企业沉淀了品牌和渠道价值,完成了企业转型升级的基本盘。那么,2.0阶段则是在1.0的基础上,实现了销售规模的倍增。最后,品牌化全球招商3.0阶段,我们还能做什么呢?

企业产品是有生命周期的,但企业组织和品牌却可以通过不断升级来延续价值。那么,我们通过产品力所沉淀出来的渠道价值和品牌价值以及客户关系,能不能帮助我们在外贸出口这个模式上进一步升级呢?

进口电商和进口贸易是一条可探讨的路。我们从逻辑上分析以下几种可能性。

(1)进口贸易。

当出口外贸企业在具备了上述条件后,可以考虑进口贸易。企业可以把每一个代理商看作当地的一个资源和业务节点。他们作为企业的品牌代理商销售产品的同时，也可以成为企业在当地进口产品的采购商，帮助企业寻找和采购商品。唯一不同的是，采购的产品，品牌是企业自己的。

出口和进口两个模式的配合，可以进一步强化品牌代理商和品牌采购商两个身份的关系，让节点能力更强大，形成更具能量的利益伙伴关系。

(2)全球买，全球卖。

当企业完成了基于中国的出口和进口的通路后，对每一个合伙伙伴节点的资源、能力、利益关系都已经非常熟悉了。此时，企业可以做全球贸易，这里的全球贸易不是以中国为原点的中国出口和中国进口，而是不同国家之间的相互贸易。比如欧洲代理商的产品和供应链验证完成后，是否可以供货给东南亚代理商和中东代理商？企业拓展思路后可以实现真正的全球采购，全球销售。

(3)升级合作模式。

合作模式可以伴随伙伴在整体业务体系中的权重提升，而重新定位和升级合作关系，渠道链接深度可以逐步深化。

举例，海外某一个伙伴在当地已经形成了稳定的销售规模，此时，可以通过对其注入资金，通过参股进一步强化合作同盟关系。甚至，未来可以继续追加资金，进行控股，实现从品牌国际化到公司全球化、组织本土化。进一步提升公司主控力度，为集团走资本市场奠定基础。

随着企业能力的不断蜕变，如品牌输出能力和产品供应链能力、渠道与组织全球化管控能力、资本运作能力等，企业战略与模式也会发展变化。

写在最后:品牌化全球招商小案例

外贸品牌化全球招商,对于大多数外贸企业来说,只要所在的行业和产品品类在市场消费端需求依然旺盛,都可以积极思考和尝试这一模式。

以下列出品牌化全球招商模式有代表性的案例模型给大家参考。

(1)集合 B2C 电商+2B 代理商+OEM 模式。

该户外产品企业一开始是电商 B2C 和工厂 OEM 混合模式。基于自身电商业务的发展,自身产品和品牌得到了消费者认可。该公司作为阿里国际 SKA 级大客户,拥有多个阿里店铺,B 端询盘数很大,偶然过程中得到客户的品牌代理合作意向,通过与该客户合作,公司品牌没花钱便取得了成功。自此,公司打开了该公司的品牌全球招商思路。

(2)某沙发产品美国本土仓分销。

某客户对沙发生产供应链非常熟悉,一直在做沙发海外仓批发本地批发模式,发展了几个较大的分销渠道后,发货量很大。他的核心优势是沙发产品的设计和款式研发,叠加沙发供应链,打造爆款。

(3)某光伏产品的海外仓小 B 批发模式。

某企业做光伏产品套件,客单价相对高,市场需求很大。该企业通过 Facebook 和谷歌等社交媒体进行宣传,招募一些小 B 客户批发客户。利润高,客户稳定,营销转化比非常好。

(4)东南亚本土电商+本土直播电商+本土代理模式。

该企业为中国企业,目前在印尼本土注册电商公司、组建团队、搭建海外直播间,有自己的印尼仓库,中国办公室主要负责产品和供应链,全部产品系列均为自己品牌。这个模式门槛相对比较高,但它代表了几个外贸出海的几个趋势:本土化、品牌化、直播化、渠道化。

以上几个小案例模型,仅供大家参考启发。我没有写出具体案例的数据,有些企业已经做出了非常好的数据,有些是刚刚起步还在发展,但我觉得这些并不重要,核心是在品牌化全球招商这条路上,每一家企业最终会走出更适合自身的路,而不是千篇一律的路。

产品力是支点,招商是杠杆,由此产生品牌势能。招商渠道越成熟,杠杆力量越大,品牌势能越高。品牌势能的升高会进一步反哺招商渠道建设和终端市场的繁荣。

我希望结识更多愿意在这条路上创新、尝试的企业家和外贸人士,希望在未来外贸出海的路上,我们并肩前行,为个人成长、企业发展、行业进步贡献一分力量。

附录 亮哥哥品牌化全球招商核心思维50条

1. 我通过全球招商模式,建立了全球25个国家的代理渠道,整柜订单利润部分超过30%,并且很多代理直接全款付款下单。

2. 外贸从业者们,在今时今日,遇到了不少经营上的实际困难,也积聚了很多发展方向上的认知困惑,急需破解。

3. 中国制造正在崛起,中国品牌正在崛起,中国外贸新模式、新业态正在形成。

4. 传统外贸根基深厚,销售渠道网络遍布全球角落。跨境电商通过互联网渠道弯道超车,快速成长。一个地网,一个天网;一个实体,一个数字;跨境电商与传统外贸就像中国制造出口的两条蛟龙,缠绕奔腾,勇往直前。未来5年,两条蛟龙合二为一,成为中国外贸的新业态、新模式。

5. 做好外贸业务赚钱;做好外贸战略赚大钱。

6. 品牌化全球招商是一个以产品力为支点,借力全球招商渠道杠杆,撬动并建立品牌势能的过程!

7. 品牌化招商的底层逻辑是工厂与国外代理商合伙打造品牌的逻辑,而不是强势品牌自上而下的主控逻辑。

8. 品牌向左,品牌化向右;左边是坑,右边才是矿!大部分中小外贸企业,只能向右。

9. 中小外贸企业做品牌,核心逻辑是边搞钱边做品牌,绝对不能自己烧钱做品牌。

10. B2B2C 模式结合了"传统外贸 B2B 订单模式的规模优势"与"跨境电商 B2C 模式的利润优势",再与"品牌线下代理模式的渠道优势"相结合,为外贸企业和跨境卖家转型提供了一条新的降本增效、业绩倍增、打造品牌、转型破局的创新发展之路与解决方案。

11. 中国未来将诞生一批全球品牌,包括 B 端品牌,中小外贸企业一样存在很大的机会。

12. 优秀的外贸 B2B 与跨境电商 B2C 企业,两个模式会越来越模糊,最终融合发展。

13. 产品力是基础,未来驱动力要么是技术驱动,要么是品牌驱动,要么是渠道驱动。

14. 利润增长的本质是效率提升。品牌提升信任效率降低转化成本;渠道提升传播效率降低营销流通成本。

15. 中国外贸出口货物贸易与服务贸易要结合发展,品牌赋能是服务贸易的一种形式。

16.传统外贸进入存量市场博弈,获客变难,成本变高,私域越来越有价值。

17.B2B2C外贸新模式既能掌控现金流,让利润看得见,也能搭建渠道沉淀品牌,让公司更值钱。这种模式既能赚钱,也能值钱。

18.中小企业靠老板自己有限的经验和认知匆忙决策,往往无法找到创新最优解,毕竟创新往往是过去的经验和认知覆盖不到的,谁也没干过,就很难找出最优解。

19.创业是一场修行,路上有无数个十字路口,也有无数荆棘障碍,要想取得真经,核心是"企业持续创新并高效找到最优解的能力"。

20.全球贸易超级竞争的环境下,大客户变成了小客户,大订单变成了小订单。

21.传统外贸工厂利润率低的本质是企业在产业链中的附加值低,提高利润的办法就是改变在产业链中的角色位置。定位决定地位,地位决定利润分配。

22.超过90%的企业是不可能靠自己做成一个出海品牌的。但是,如果学会借力渠道,定位成做行业内的to B型渠道品牌,那么成功概率将大大提升。

23.外贸企业出口四大价值模型:品牌价值、渠道价值、私域价值、技术价值。

24.通过全球招商来做品牌,是这个时代给所有中小外贸企业走品牌路线的机会。

25.跨境电商模式的优良基因是什么?我的答案是可复制性和品牌化。

26. 跨境直播的终局是直播本土化。"本地人、本地号、本地播"是未来的主流。

27. 跨境电商未来5大趋势：品牌化、本土化、全域化、私域化、直播化。

28. 未来更多跨境电商企业独立上市，精品垂直类卖家有机会通过并表套现或迎来新机遇。

29. 品牌出海是中国外贸企业的转型方向之一，但毋庸置疑，目前大部分中小微企业并不具备系统化做品牌的条件。

30. 品牌是一种无形的资产。品牌化，是一系列有形的工具，是让你的"品牌"更像品牌的一个过程。品牌是长期的未来的，品牌化是当下的可落地的。

31. 品牌是营销升维工具，只有高举才能高打，同时，也可以中打、低打。但低举只能低打。

32. 产品竞争到一定程度，很难在产品本身做出差异化的时候，我们可以考虑营销差异化。

33. 品牌是一把锁，对于传统 OEM 代工型的外贸制造来说，首先要锁定客户，其次要锁定优秀员工。

34. 品牌是"远期支票"，招商是"现金流"。

35. 大家看惯了大品牌招商的案例，认为招商就是要自己品牌很强，才有人跟你干。实际上，对于工厂来说，只要你能保障很好的产品力，你就可以招商，哪怕你刚刚注册的商标。

36. 有自己的商标，就可以招商。有人说，我不是品牌，怎么招商，没人相信我。我很明确地告诉你，招商的底层逻辑你搞错了。

37. 企业转型路径五花八门,但有两点是确定的:"一是你要选一个方向;二是你要定一个起点。"

38. 好项目的2个标准:"当下能赚钱,未来会值钱。"当下能赚钱,代表这个项目的生存能力很强。未来会值钱,代表项目可以沉淀资产价值。

39. 在小的外贸企业,只要有一个商标,就可以做全球招商。

40. 已经是品牌,去做招商,招募的对象更关注品牌影响力,品牌对市场的驱动力。

41. 还不是品牌,去做招商,招募的对象会更关注产品力和利润空间。

42. 品牌招商的合作伙伴作为本地推广资源节点,为企业节省大量的营销费用。

43. 品牌全球招商模式最为让人兴奋的点在于向下兼容,向上破局。中国制造的企业形象向品牌化形象升级一定是确定的。这些成本投入不会造成任何浪费,即便做不成品牌也一定会帮助现有的业务发展。

44. 讲好品牌故事,则是讲愿景,是一种动态表达,对未来的表达,就是要描述好你的品牌如何做好全球化的故事。这个故事是未来的,是需要和更多全球伙伴一起创造、一起实现、一起共享机会的故事。

45. 如果说真正打造一个市场化的品牌是一个长期且漫长,同时也是极具不确定性的事情。那么首先让你的产品像个品牌,在操作层面就相对容易。这个过程叫作品牌化。

46. 全球市场是个非常复杂的市场,国家众多、发展不均、文化和消费诉求各异，那么品牌的全球化策略也不可能完全一致。这是基本认知。

47. 品牌全球招商有2个模式：一个是"主控模式"，另一个是"借力模式"。

48. 不同权重等级的目标市场国家，我们需要制定不同的招商策略，即"赛马不相马"。

49. 利润二级火箭模式是指在现有利润的基础上，再加多一层利润。这样一套模式下来，企业可以赚到两层利润。过去我们电商团队净利润率大约是15%，我通过利润二级火箭模式，还可以多赚5%~10%，综合来看，公司总体利润率可以提升到20%~25%。

50. 基于B2B2C高维模型，无论你是B2B，还是B2C，只要你采用B2B2C模式，都是可以兼容过去的模式的，并且，这个兼容对你过去的基本盘没有伤害。